上海24小时的马路表情

主　编　郑逸文

副主编　邢晓芳　邵　岭
王　磊　张立行

上海人民出版社

《上海24小时的马路表情》

主编

郑逸文

副主编

邢晓芳　邵　岭　王　磊　张立行

作者（按姓氏笔画排列）

卫　中　王　彦　王筱丽　许　旸
李思文　吴　钰　张祯希　陈熙涵
范　昕　柳　青　姜　方　郭超豪
黄启哲　童薇菁

摄影（按姓氏笔画排列）

叶辰亮　刘　栋　张　挺　袁　婧

特约摄影

寿幼森（徐汇老寿）

特约绘图

钱佳楠

鸣谢相关单位机构提供图文材料支持

序

熊月之

就像路永远都会有的一样，关于路的话题、故事永远都说不完。

路是人走出来的。
走自己的路。
敢问路在何方？路在脚下。
大路朝天，各走一边。
不能走那条路。

这些关于路的名言、名句、名歌、名篇，有哲理，有豪情，有深意。

马路是路的一种。“马路”之名始于上海。为什么始于上海？背后有历史，而且颇沉重。

论马路之繁多，全中国城市无出上海之右者。论马路内涵之丰厚，大概也很少有城市能与上海比肩。

上海马路有长短、宽窄、曲直，而且有色彩、气味、声音。穿行在上海马路的历史时空里，你能听到轮船汽笛声、码头号子声、机器轰鸣声、店铺算盘声、菜贩吆喝声、报童叫卖声、学子诵读声、书场说唱声，还能听到断续飘出的钢琴声、风琴声，当然还有永不消逝的电报声，激昂嘹亮的《大路歌》《义勇军进行曲》。你能闻到汽油味、咖啡香、西餐味、报馆书肆油墨香。你能感受到南京路、淮海路的五彩缤纷，跑马厅、极司菲尔路的红白杂糅，更会感受到渔阳里、兴业路、多伦路的耀眼红色。通过同一段路的路名变迁，比如由赫德路而常德路，由金神父路而瑞金路，由宝昌路而霞飞路而泰山路而林森路而淮海路，可以清晰感受到时代变迁的脉动；通过世纪大道、滨江大道、祖冲之路等新增道路，更会感受到改革开放的春风扑面而来。

我曾经作为警卫战士，巡逻过上海不知道多少条大街小巷、大路小道，宽宏的南京路、优雅的淮海路、绵长的虹桥路自不用说，幽短的绍兴路、平武路，弯曲的华山路、湖北路，静谧的兴国路、康平路，还有路窄楼高的香港路、天津路、江西路。那时常犯嘀咕：上海马路怎么这么千奇百怪、匪夷所思？后来，有机会接触这方面史料，才深感这真是一门大学问，无论从建筑学、社会学、历史学，还是城市学、审美学入手，都极其宏阔而深邃，十分值得研究。

由《文汇报》总编辑郑逸文主编的这本《上海 24 小时的马路表情》，选择上海 24 条马路，按各路的文化内涵，分别从 24 时切入，或展其历史之厚重，述其人文之蓊郁，或状其风情之浪漫，颂其风骨之高洁，或析其品位之卓异，赞其智慧之超凡，构思巧妙，品评允当，文采飞扬，笔端充满感情而当止则止，收放自如。满盘珍珠，经此 24 时五彩经线这么一串，色泽斑斓，玲珑剔透。令人止不住赞叹：到底是上海！不愧江南之翘楚、中华之瑰宝也！

是为序。

2019 年 7 月 5 日

目录

CONTENTS

Zhong shan Rd. (E-1)

中山东一路

N

S

风从海上来，她的名字叫外滩

中山东一路位于黄浦区，南起延安东路，北至外白渡桥

在海关大钟的钟声里，黄浦江醒了，外滩醒了，风从东方来了……中山东一路就像面朝江水背靠城市的堤岸，见证着上海每一天的晨昏日暮，见证着上海的岁月变迁。

延安路高架自西向东，过了河南中路上方，车流顿时一缓，那是司机们的默契。穿过外滩中心和中汇大厦的合围，视野里便是黄浦江畔最出名的电子屏了。许多时候，巨幅的“我爱上海”投进眼底，万千心事钻出来。

极少有人真正住在外滩，但几乎没有新老上海人会说自己对外滩毫不熟悉、毫无感觉。就像游客都认为，要背靠小陆家嘴天际线、面朝万国建筑博览群拍张照，才算来过上海。

这个极具标识度的地方，与其说她是一条北起外白渡桥南至延安东路、真名叫作“中山东一路”的马路；不如讲，那条面朝水、背靠“山”的堤岸，天然连着城市的乡情、历史。关于外滩，人们会在生命的不同阶段留下不同的记忆，但有一点是相通的：一代代人都迷恋黄浦江上吹来的风——风里的气息能让人联想到大海。

父亲肩头的风景：
江上的笛声呜咽，那是少年心头属于上海的航标

上海的孩子视外滩如家，调用过丰富的感官各自抵达。

久事集团副总裁孙冬琳的描述是金灿灿的：“小时候跟家人在十六铺码头坐客轮去普陀山。翌日迎着朝阳回来，看到外滩就有种回到上海、回到家的感觉。”住过原卢湾区的作家金宇澄对声音记忆别致：“东南风一劲，听见黄浦江船鸣，圆号宽广的嗡嗡声，抚慰少年人的胸怀。”而曾在虹口度过年少时光的评论人曹景行讲述得像则寓言：“当时的有轨电车从外白渡桥上经过，我们在四川北路上车，车行过外白渡桥时意味着下一站就是南京路站了。我们就会很兴奋，它仿佛一座进入上海市中心的大门。”

外滩，确与“上海市中心”的建城史紧紧相连。

近代史记载，上海的城市雏形、黄浦区许多道路的走向，最初都

依据“江边堤岸上的小道”亦即外滩的走势而划定。解放上海的各种影像档案也证实，1949 年 5 月，解放军在上海升起红旗，旗杆就在外滩的海关钟楼之上。1988 年 12 月，上海市政府确定了外滩改造方案，它被称为关乎民生的“一号工程”：道路拓宽，防汛墙外移，新设观景台，建造陈毅广场，在路的最北端、苏州河与黄浦江的交汇处竖起上海人民英雄纪念塔。

而这些，都只是序曲。从 2002 年到 2012 年，又一轮外滩综合改造历时整整十年，几乎每启动一项工程，都会牵动千万市民的心。外滩滨水区延伸，景观灯升级，“亚洲第一弯”改造，外白渡桥外迁大修再复位，吴淞路闸桥拆除，外滩隧道建成……从“车的外滩”到“人的外滩”，一条道路几经“变脸”，对于上海乃至上海的生活，都扮演着里程碑一般的角色。

不过，无论外滩穿梭过多少风云际会，只要黄浦江和万国建筑博览群仍是山水一样沉静，有些东西便不会转移。少年心头属于上海的航标，便会随视觉和听觉记忆，绵延不绝。

比如外滩的灯。20 世纪 80 年代开始，逢国庆节，外滩都是人流向往之地。孩子们坐在父亲踏实的肩头，打量外滩也打量上海的变化。彩灯最是直观，从早年由十几万枚灯泡勾勒出建筑外形，到泛光照明打出水晶宫似的效果，一年赛一年大气。1990 年后，陆家嘴改天换地，江对岸的夜景换了身璀璨外衣，与此同时，景观灯也不只是节假日福利。看起来，外滩灯光归于平常。但月色如水时，中山东一路上拉出长长的光影，依旧能谋杀菲林无数。城市不就应该如此吗？最出色的情致，亦是最寻常的风景。

江面上也是相似道理。30 多年前，过江难是上海人心头一枚刺，哪怕雾锁申城，职工们也都蜂拥于轮渡站等候开江。1991 年 12 月，上海市区第一座越江大桥南浦大桥建成通车。就连最普通的上海市民也被新闻普及了“斜拉桥”的概念。多少人赶到南外滩的终点，登上桥墩，凭栏远眺，与“南浦大桥”几个大字留一张合影。转眼2003年，为中国2010年上海世博会而建的卢浦大桥通车时，上海人不再数得清“南浦、杨浦、奉浦、徐浦、卢浦”的先后顺序。到了今天，黄浦江上已建成12座大桥、14条隧道。可依然有人愿在外滩登上摆渡船，纯粹为了迎风立在船头，任习习江风扑在脸上，带来江水翻腾的味道、海关大钟不疾不徐的鸣唱，或者从汽笛呜咽里，触到年少时的自己。

电视外的“13频道”：前互联网时代的网红炸鸡，小青年心里外滩名叫“潮”

外滩是从何时起被全中国的年轻人视为风尚标识的，很难考据。一个民间视角挺有意思：20世纪60年代到80年代，上海出产的人造皮革包可谓时兴货。样式古朴的大小提包和旅行袋，因结实耐用广受欢迎。而包袋上统一的外滩建筑群速写连带“上海”二字，跟随包袋主人们手提肩扛，晃晃悠悠闯入了全国人民的视野。

另一番叙述里，著名的“情人墙”也代表着某种“潮流趋势”。20世纪70—80年代，外观朴素的防汛墙边吸引了城市里大把年轻人。恋人们倚墙谈恋爱，一对挨着一对，相互间距离只有一厘米。如此密不透风的位子，后头还有人“等位”，两个人走了，立刻就有另两个填空。1990年之前，这座城市能供消闲的场所并不多，称得上“亲水空间”的地方更少，加之住房紧张，年轻人恋爱只能逛到江边说说话，千米长堤于是集中了近万对情侣。金宇澄讲，这道壮观的风景相当于上海的人文遗产。陈丹燕则打比方，当时上海能收到12个电视频道，外滩“情人墙”就像编外“13频道”，上演生生不息的甜蜜故事。

有了一动一静两道风景线，“外滩”二字在广袤的中国大地上，就这样渐与“潮流”与“摩登上海”画上等号。而随着改革开放深入，外滩的“潮”或曰“新活力”，已不止于放手去闯、勇敢去爱了。

80 年代末，一部分人先富了起来，开始琢磨如何赚钱。有人当起了个体户，有人东渡“扒分”，还有一拨人瞄准了新生事物：股票。距离今天“外滩铜牛”约 1.5 公里处，广东路 729 号原万国证券的黄浦营业部，人称“黄万国”，它的诞生比上海证券交易所正式开锣还要早些。待 1990 年 12 月沪市开启，最早听闻过“黄万国”传说的人们争相入市，在广东路外滩附近通宵达旦地排队，交换信息，广东路外滩也由此被称作“街头股吧”。

再往南到中山东一路起点，上海青年还在敏锐地赶着另一种时髦。1989 年，外滩 2 号即原东风饭店（现华尔道夫酒店）开出了上海第一家肯德基。那年冬季，南京东路步行街还通着车，外滩信号塔也尚未平移，至于那一溜儿建筑，是以海关为首的各机关物业，并不对外开放。除了南京路口的和平饭店外，东风饭店是整条外滩第二个可供人消费的场所。1980 年代，谁家亲戚能在此举办婚宴，必然是桩体面事，因而洋快餐进入上海第一站，也隆重选择了浦江第一景。这份轰动能从旧报纸里找到痕迹。当时，本埠几张报纸都用大幅版面刊登开业广告，还附上一段文字，介绍美式快餐的餐饮理念、加工技术、品控规范。以今天的眼光看，“在华尔道夫吃炸鸡”和“全家盛装光临肯德基”一样，不那么适配。但在“前互联网时代”，东风饭店窗格子上贴着的“肯德基爷爷”，绝对不输今天的“网红”。

1993 年起，市政部门陆续搬离外滩原大楼，建筑群回复到金融街的样貌。进入 21 世纪，顶级品牌旗舰店、高档餐饮在此聚集，但无论哪家店面，“外滩 5 号”“外滩 6 号”“外滩 18 号”……一个个门牌号码才是它们更响亮的名字。“外滩”的名号让人想起林语堂在 80 年前的话——上海，是离世界最近的中国城市。

黄浦公园前白鹤亮翅，和平饭店里爵士低回，不懂外滩不足以语上海

你见过清晨5点的外滩吗？6岁的广州女孩王涵见过。她是第六届上海国际芭蕾舞比赛甄选出的形象代言人之一。2018年7月的一天清晨，“小天鹅”在外滩亲水平台上迎着第一缕阳光脚尖一立、微微昂首，又走上外白渡桥扶着钢架摆出标致的芭蕾手位。小女孩的曼妙身姿后，城市地标理所当然尽皆入景。而美成了一幅画的宣传照里，还有几名“白鹤亮翅”的太极爱好者一同入镜，意料之外、情理之中。

大概是从1970年前后开始，外滩晨练的打拳人渐成传统。谓之传统，因为师傅和习拳者几十年来流水一样变化着，但打拳的队伍从

未消失过，打拳人的习惯一以贯之。每一天，他们踏着海关大钟的第一声《东方红》准时出现在江边。不过分寒暄，就沉浸到了一招一式中。晨光熹微下，马步、鹤立，大家端庄地划动双臂，寻找内心与外在的平衡。这支队伍从黄浦公园内发端。人们拎着菜篮子走进公园，来到梧桐树下，音乐起，各家拳路云集，吴氏、杨氏、少林拳、八卦拳，还有太极推手、太极剑，不一而足。随着后来亲水平台扩容，这支队伍不断壮大。但有一点始终没变：在外滩舞剑打太极的人，与上海别处的养生健体者略有不同，他们总是格外从容。

在这条连接了历史和未来的江边堤岸，人心更宽。

上海社会科学院研究员熊月之说，“外滩是个令人百味杂陈的地方。一方面，它的由来与民族的苦难史、屈辱史相关：1843 年，上海开埠；1845 年，上海第一个土地章程明确，上海县城以北 830 亩土地也就是今天的外滩一带，归英国人管理，并划出路界。这是中国近代史上租界的开始。而另一方面，中国现代工商业的开枝散叶、改革开放后的万物复苏，一切也是从外滩开始的。”

1986 年的一天深夜，英国女王访华先遣队有名高级官员，刚下飞机就问接待人员：“和平饭店的酒吧还开着吗？那支老年爵士乐队还演出吗？”当得到肯定的答复后，他连夜来到和平饭店。这支老年爵士乐队究竟有怎样的魔力，能在 1996 年被美国《新闻周刊》评为世界最佳酒吧之一，能在 30 多年来始终被列为旅游必去景点？熊月之提了两点，其一当然是乐手们多达五六百首的丰富曲目。这支七人制的爵士乐队都是上海交响乐团的老演奏家，从近邻日本、俄罗斯的民间歌曲到远隔重洋的巴西名曲，他们都能信手拈来。更重要的在于，30 多年前，来酒吧看演出的客人大多为外籍人士，来一人，付一元钱外汇券，宾客间用英语交流。在外滩、南京路的夜晚依然静悄悄的那段时间，从和平饭店飘出的爵士乐声，传递着中国改革开放的信号。以至于到了 21 世纪，外滩沿线的休闲活动异常丰富时，爵士乐与老建筑的搭配，仍有着长久的固定一席。2017 年 10 月，位于“外滩・中央”四楼的林肯爵士乐上海中心对外营业，那是闻名世界的纽约林肯爵士乐中心在美国境外的唯一分中心。

外滩，黄浦江尽头就是海。南来北往的人自此登陆，融入上海；又有一批批人从这里出发，飘洋过海。它是终点，也是起点，更是海纳百川的城市里无数人生的起飞点。

相关链接

黄浦江边的“山”

“万国建筑博览群”，沿圆弧形的外滩走势一字排开。它们连成一体，又各自错落，像是建筑生出的城市节拍，也像静默无语的“山”，见证百多年来人们在此的生存、发展、奋斗。

原英国领事馆：中山东一路 33 号

黄浦江、苏州河交汇处的原英国驻沪总领事馆，是外滩历史最悠久的建筑。它的前身由英国首任驻沪领事于 1847 年建成。1870 年一场大火后，领馆重建。1873 年，外滩有了第一幢西洋风格的房子。这条路上鳞次栉比、气度恢宏的建筑群由此发端，但它后来的门牌号不是外滩“1 号”，而是中山东一路 33 号——数字最大的一号。

原外滩气象信号塔：中山东一路“0 号”

中山东一路最南端有座圆柱形建筑，由西班牙建筑师阿塔努设

计。这种样式的建筑，目前存世的仅有两座，另一座在挪威。1865 年，董家渡附近曾建立了上海第一座气象观测站，但几年后就匆匆关闭。1907 年，一座砖石结构的信号塔在海关大楼前落成。它高约 50 米，外墙红灰相间。曾经，往来上海的航船都以这座信号塔顶端挂出的风旗或风球作为预警。1965 年，气象信号台的功能撤销。1993 年，从原址整体平移至现址。现在，一楼为见证外滩发展轨迹的小型历史陈列馆；二层是家名为 1865 的咖啡馆，以纪念上海最早的水文气象台；三层是咖啡馆露天位；四层是灯塔。

亚细亚大楼：中山东一路 1 号

中山东一路 1 号从延安东路边数起。1915 年，英商麦克皮恩公司将建成的大楼以产权转让的方式给了亚细亚火油公司，由此得名。因其为路的开端，且高七层的大楼曾是 20 世纪外滩最大的建筑，1939 年又增加了一层，所以人称“外滩第一楼”。

“上海总会”：中山东一路 2 号

1911 年，原英国总会的新楼落成，又称“上海总会”。建筑立面为英国新古典主义风格，两侧对称，屋顶南北端的塔亭为巴洛克建筑风格。屋顶上还开了“老虎窗”，开了上海先河。曾经，门厅内部用意大利大理石精制的吧台长达 34 米，被称“远东第一吧台”，见证过英国人的夜夜笙歌。1971 年，建筑部分被改建为东风饭店。如今为华尔道夫酒店。

汇丰银行大楼：中山东一路 12 号

1923 年建成，是中国近代西方古典主义建筑的杰作，曾被英国人自诩为“从苏伊士运河到白令海峡最讲究的建筑”。欧洲人曾把外滩的弧形岸线看作聚宝盆，而它恰好在弧形的底端，汇丰银行当年的董事们相信，黄浦江水会带来财富并沉积到这个盆底。1955 年至 1995 年 6 月 30 日，此处为上海市人民政府机关大楼。现为浦东发展银行。

海关大楼：中山东一路 13 号

1927 年建成，曾是外滩最高的建筑，其最出名的为顶部的钟楼。上海的海关大钟与英国伦敦的大本钟由同一工厂制造，在英国定制后运回上海。1928 年 1 月 1 日零时，大钟敲响了它的第一声，海关的钟声最远时能传到吴淞码头。

字林西报大楼：中山东一路 17 号

《字林西报》为英国人在上海办的英文报纸，1864 年正式成为独立的日报。1901 年，报馆搬入外滩 17 号，独家采用路透社电讯稿。1921 年，报馆重建新楼。现为友邦公司。

和平饭店：中山东一路 19 号—20 号

19 号原为汇中饭店，上海现存最早的饭店之一。1906 年建成时被誉为“上海第一摩天大楼”。1909 年，世界第一次国际禁毒大会又名“万国禁烟会”在此举行。1965 年改建为和平饭店南楼。20 号在历史上被叫作“沙逊大厦”“华懋饭店”，由犹太大商人维克多·沙逊在 1929 年建造，是上海第一座主体建筑超过 10 层的大楼。马可尼、卓别林、泰戈尔等都曾下榻于此。

外马路 Waimalu Rd.

港口老码头升级为时尚消费地

外马路沿着黄浦江西侧延伸，北起东门路，南至今天的南浦大桥

N

S

09:00

这里曾经是热闹非凡的国内数一数二的大码头，如今这里是城市滨江综合开发的缩影。上午 9 点的外马路迎来新的一天，也刻录下上海整体转型升级的新的一天。

外马路依水傍城，曾是上海的水上门户，承载了百余年前的开埠记忆。它沿着黄浦江西侧延伸，北起东门路，南至今天的南浦大桥，成为上海整体转型升级的缩影。

提到外马路，绕不开的是一个深深铭刻在城市记忆中的名字：十六铺。据上海市档案馆编著的《上海名街》记录：清代乾隆以后，海禁开放，上海港由于优越的地理位置，成为当时中国南北洋航运贸易的联结点。当时有文献这样记载："凡远近贸迁皆由吴淞口进泊黄浦"，这时的十六铺区域已经是中国最大的水上交通枢纽。作为南北货物经水路抵达上海的靠岸点，外马路上出现了一大批新码头、新仓库，大大促进了近代上海商贸事业的繁荣。

1949 年后，十六铺码头成为全国大宗货品的进出港、江浙副食品的集散地。在这个城市出现地铁、隧道之前，上海人每天从黄浦江的这一头去到对岸，只能靠摆渡、轮渡，十六铺客运码头，成为勾连浦东、浦西的唯一通途。彼时人们对十六铺码头的印象或许是实用、便利、繁忙，可是和美，毫不沾边。

如今的外马路，早已卸下作为港口码头的光荣重担，变成精致优雅的时尚地标。2010 年世博会成为唤醒城市记忆、重塑遗产价值的重要契机。俨然退出历史舞台的十六铺蜕变出了一个全新的样貌，重新回到上海人的视野中来。南外滩滨水区综合开发被视作浦江两岸及外滩金融集聚带建设的开篇之作，是"十二五"期间的重点建设项目。外马路、老码头及复兴港仓库旧址经过改造后成为集文化、创意、休闲、观光的新空间，点亮了人们的生活。

今天，外马路已经成了一条与外滩延伸线相匹配的、让人流连忘返的水景岸线。

> 曾为联络江浙与全国水路贸易的枢纽，给外滩地带码头转运带来极大便利

沿着东门路、十六铺游览中心、复兴东路渡口、老码头、董家渡、幸福码头创意园至南浦大桥，一路走来会发现，和熙熙攘攘、人头攒动的外滩、陆家嘴相比，外马路显得清静许多。

经典石库门特色建筑与现代玻璃钢结构建筑元素的融合，营造了外马路具有冲击力的街景。在它的身上体现了旧与新的交织、近代和现代的结合，它充满了年代的记忆，又富有天马行空的想象和创意，化身为一处时尚休闲与怀旧文化体验相并肩的滨江空间。

如果把时针拨回到 19 世纪末 20 世纪初，这里则是一片“江中舢板过江，江边沙船云集，岸上仓库林立，外马路上挑夫卸货号声此起彼伏”的繁忙景象。

外马路，是十六铺的起源地之一。20 世纪初叶，十六铺已是远东第一港口。一度有种说法：先有老码头，后有上海城。“十六铺”并非单指某一个码头，而是对黄浦江边一段历史时期出现的大大小小 50

多个散货码头的总称。商贾们从水路抵达上海，在十六铺码头设店开业，开启在上海滩的闯荡。

老白渡码头、洞庭山码头、万聚码头、永盛码头、新昌码头……密密麻麻扎遍了整条马路。一旦大批沙船到港，沿江的“箩夫”“扛夫”黑压压的一大片，扛着货，像蚂蚁搬家一样，场面蔚为壮观。有运输木材的、也有运输柴草、陶器的，鸡鸭鱼肉蔬菜山珍在这里疏散，棉布、香烟、火油、柴油和各种日常用品经这里运往全国各省。昼夜更替，十六铺码头人声鼎沸、车水马龙，一片熙熙攘攘。

当年的码头附近还有上海独有的景象，就是有许多以码头命名的街道。王家码头街、新码头街、盐码头街、竹行码头街、万裕码头街、赖义码头街、生义码头街、白渡路、轮船码头、董家渡等，成为上海唯一、远东闻名的“码头街市”。

今日所称的这条外马路修筑于 1906 年，当时称为“新外马路”。那是因为彼时在黄浦滩自方浜口至陆家浜口已经有了一条外马路，是上海人自己修筑的第一条新式马路。“新外马路”出现后，原来的“外马路”改称“里马路”，1946 年，改名中山南路。

这两条马路的修筑给外滩地区的码头转运带来极大便利。据载，当时“铺户繁多，商贸屯集，市面为之振兴”，带动了百业的发展，南市老城厢市民的生活也因此得到巨大的改善，甚至还用上了自来水。

此后铁路运输兴起，外马路的水路漕运功能逐渐式微。1949 年后，外马路进行了整顿，码头经过改造，成了上海的水上南大门、与江浙地区水上联络的枢纽，大量水果、蔬菜、农副产品从这里卸货。1970 年代，随着客运的迫切需要，原先的装卸区与客运站合并起来，以十六铺码头为基地，成立了上海港客运总站。

在城市出现地铁、隧道之前，上海人每天要经过码头来往于浦西与浦东之间，从黄浦江的这一边去到对岸，只能搭载摆渡、轮渡。很多人应该还有这样鲜明的记忆：摆渡站上有一扇铁门，等轮船到了码头，一开仓，等候过江的人、自行车如潮水一样涌向甲板……这幅老码头上的景象，早已消失在了城市生活里，但那却曾经是另一种上海的早晨。

随着城市交通运输的升级，水路作为交通工具形式的衰落是必然的。2004年，十六铺码头候船大楼被爆破拆除，定期航线被全部迁至地处长江口的吴淞客运中心，承担客运功能的十六铺码头退出了历史舞台。而外马路的名字，也在很长一段时间内被淡忘于历史的角落，它默默端坐于上海开埠的历史一角，极少再为世人提及。

从过去的“码头商贸”到如今的金融产业，外马路的集聚功能从未消退

今天，从陆家嘴滨江段远眺南外滩，现代商业的活跃气息，正如竞相拔地而起的高楼，奏响着改革发展的蓬勃乐章。交通银行大厦、外滩SOHO、世茂国际广场、BFC外滩金融中心等大楼争奇斗艳般地展现着自己的高度与现代之美。在阳光的照射下，这些大厦的外立面折射出流光溢彩的美感。其中还出现了一幢“会跳舞的房子”——复星艺术中心，建筑外立面有三层金色的可转动幕帘，幕帘每天会在固定时间配合音乐定点转动，既如中国古代帝王的冠冕，又似拨动的西方竖琴，成为南外滩地带极具艺术气息的文化地标。

当年熙熙攘攘、五方麇集的十六铺地区，而今变身成了全球商贸财富的汇聚之地，俨然成了名副其实的“黄金水岸”。南外滩地带呈现出金融产业加速聚集之势，从过去码头商贸到如今的金融产业，外马路的集聚功能从未消退。

说起来，2010 年上海世博会的召开，为外马路焕新提供了新的契机。南外滩滨水区综合开发被视作浦江两岸及外滩金融集聚带建设的“开篇之作”，成为“十二五”期间的重点建设项目。随着上海外滩历经三年整体改造，外马路及老码头、老仓库也由此峰回路转、脱胎换骨，昔日的客运码头、工厂仓库、货运堆场，成了时髦的休闲、娱乐新地标，漂亮地完成了一次从工业遗址到现代服务设施的转型。

在外马路沿线的景观改造中，尤以外马路中段老码头“复兴五库”的保护性开发是最大的亮点。它们曾经见证了上海风云变幻的历史，如今被改造成有趣、灵动的公共空间，让旧厂房的转型与公共服务并驾，点缀浦江人民的生活。

“复兴五库”是著名实业家卢作孚、虞洽卿等人兴建的五座老仓库，位于浦江 S 形的第一道湾口。仓库建立于 20 世纪 30 年代，至今在外立面上完好保留了原本的建筑风貌。与富有生活气息的石库门建筑不同，“复兴五库”在讲究实用功能之外，还引进了西方工业建筑的简洁与流畅，外表朴实无华，但框架宏伟，建筑气质硬朗。

1 号仓库建于 1936 年，是著名实业家、航运大亨卢作孚的民生轮船公司仓库。设计单位为当时上海工用局，建筑风格属于现代主义，其门廊、阳台、青砖和廊柱等具有鲜明的海派特色。站在 1 号仓库上可以远眺陆家嘴金融城和外滩万国建筑群。2 号仓库是上海复兴港仓库旧址，原有仓库在 1954 年公私合营之前一直称为“大储栈”，1986 年由上海港设计事务所重新设计，体现了 1980 年代的结构设计潮流。3 号仓库建于 1937 年，是虞洽卿的宁绍轮船公司码头仓库。4 号仓库建于 1927 年，是粮库。5 号仓库则是大达轮船公司码头仓库。

在改造的过程中，1、2、3 号三座老仓库的外立面都根据 20 世纪 30—40 年代保留下来的老照片进行了复原。五大仓库经过一番改造后，海派艺术与老上海人文风情的结晶，造就了焕然一新的老码头，艺术、茶艺、餐饮、娱乐填充着复兴港仓库旧址的每个单元。

创意产品工作坊、先锋艺术家工作室以及各种个性鲜明的创意零售令人流连忘返；酒吧、会所和文化馆等不同形式的时尚元素也集结于老码头创意园中，彻底颠覆了传统的码头风光。与此同时，还隐藏着风味纯正的各国美食，琳琅满目的时尚餐厅，风味醇厚的米其林餐馆，令饕客大呼过瘾。广场中心建造的一座约 600 多平方米景观水池更是画龙点睛的一笔，水位的变化能让它成为一个水上 T 形秀台，为这座时尚消费地增添灵动的气息。

沿着外马路越朝南走，南浦大桥也就离得越来越近。这座建于 1991 年、市区内第一座横跨黄浦江的大桥，是浦东开发的起步工程之一，在上海人的心目中的情感、地位不言而喻，它宛如一条昂首盘旋的巨龙横卧在黄浦江上，见证着沧海桑田的变化。分别脱胎于上海幸福摩托车厂与三泰码头的幸福码头时尚创意园与天宴时尚创意园，为品牌发布、时尚论坛以及时装大秀提供了绝佳的舞台。老码头往南就是浦西世博段了，这也是黄浦滨江贯通工程的点睛之笔。它以原江南造船厂三座船坞为中心，向两侧徐徐展开。2010 年上海世博会期间，这里曾是企业馆和城市最佳实践区，如今则成为一个融商务、商业、体验、社交、休闲、互动等于一体的文化创意园区——越界世博园，体现了世博遗产转型升级的丰硕成果。

相关链接

外马路上的时尚地标你去过几个？

复星艺术中心：中山东二路 600 号

2016 年，外滩老码头新落成一座会“跳舞”的房子——上海复星艺术中心。建筑外三层幕帘在一天日照及夜晚周围建筑和路灯的照映下，像湖水波浪一样粼粼泛光。建筑的移动外帘灵感来自汽车生产厂里移动的传送带，用 675 根铝管分三层波浪形排列，让这些可以随意转动的幕帘像传送带送出产品一样，不断产生各种不同的视觉效果。

设计师把这些长短不一的铝管称为是大剧院的舞台，像拉开舞台的大幕。这座辉煌而平静的艺术中心在外滩显得尤为艳丽有趣，集合音乐会、戏剧演出、时装、艺术画廊展览、学术演讲等功能，是一个用途多变的建筑空间。

浦江春晓：外马路 601 号 3 楼

浦江春晓是上海著名的江景餐厅，最为人熟知的老码头店就是位于曾经的十六铺地区，为这家本帮江浙菜餐厅添上了浓浓一抹上海特色。浦江春晓由南通著名的美食集团梅园春晓集团打造，所有菜品采用的都是长三角地区的江、河、海鲜，将本帮菜采用新鲜食材的特点发挥到了极致。

虽然这里采用的是来自江浙沪各个地区的食材，但是本帮江浙菜系的魂绝没有丢掉。采用“长江四鲜”等食材，冠以本帮菜的浓油赤酱，高汤料理等手法，所制成的菜品鲜香浓郁。这里的招牌菜，也是上海不少老饕的最爱——刀鱼。

Kathleen’s Waitan：外马路 453 号 5 楼

Kathleen’s Waitan 是大隐隐于市的，是只有顶级舌尖猎人才能找到的豪华餐厅。之所以会把餐厅放在这里，借用一名知名设计师的话来说：“你认为你看遍了外滩的风景，但是却没有一个地方比得上这里。无论是浦东具有标志性的摩天大楼还是外滩一线经典的万国建筑博览群，都能够在餐厅露台上一览无余。”

亚洲风味的龙虾面、银鳕鱼和经典青口令人赞不绝口。和牛牛排和寿司又满足了那些喜欢日式料理的食客口味，提拉米苏、苹果塔和芒果布丁则是姑娘们最钟爱的早午甜点。

璞本 by Jeremy Leung：外马路 579 号 5 楼

这家餐馆主打创意中餐，由国际名厨梁子庚所开，特色招牌是黑金流沙包、黄金烤鸭、烤乳猪。梁子庚是亚洲最具创意的新式中餐革新者，也是最早成功地将西餐的概念完美融合进传统中餐烹饪当中的亚洲名厨，被誉为全亚洲最年轻的创意型厨师。璞本崇尚自然，将天然的食材保持其质朴本色，展现料理独一无二的魅力，其中也不乏梁子庚的众多专属创意菜。

Ma dang Rd

N

马当路

S

青石里弄，一片新天地

马当路北起金陵西路，南至徐家汇路

10:00

上午 10 点，步履匆匆的上班族，太阳伞下的一杯手冲咖啡、三三两两摆造型拍照的游客，“网红”店门外已经悄然排起的长队，属于新天地的一天就这样开始了。

以金陵中路为起点，沿着马当路一直走，K11、新天地南北里、新天地时尚、沿路边形形色色的咖啡馆和跳蚤集市，都使这条不足2000米的马路够行人流连一整天。

每个天气晴好的周末，这条路因为游人如织而充满活力和生机，突然一个不经意的拐弯，误入附近居民的传统里弄住宅，似乎又能窥见一番20世纪中期石库门人家人间烟火的模样。穿过徐家汇路，蒙自路则承接马当路一路通到黄浦江北岸，抵达位于上海世博会浦西园区的世博会博物馆、乒乓球博物馆。就这样，20世纪与21世纪无缝连接了起来。

变迁：

新天地让“屋里厢”成为时髦

在不少人心里，今日的马当路几乎可以与新天地之间画上一个约等号，这片留下了当年青石里弄、砖墙屋瓦的石库门建筑群为这条路乃至这座城带来了一张崭新的名片。

“转化原有的居住功能，赋予新的商业价值，把百年的石库门旧城区，改造成一片充满生命力的‘新天地’。”这是1997年提出的对彼时太平桥地区石库门建筑群的改造理念。改革开放之后，旧城区改造成为城市建设中关键的一环。当时的太平桥地区因为拥挤凌乱、卫生条件不佳被提上了改造日程。

6个月、32次、1000小时，这是为改造担任总设计的本杰明·伍德，为了前期调查第一次来上海时，在上海逗留并研究石库门上所花费的时间。也正是在这段时间里，在他的脑海中构造出了一个象征时空和文化交融的艺术品。“旧的建筑，新的生命”，按照这个方案，改造工程启动了。

北部地块大部分石库门建筑得到了保留，南部地块则以新建筑为主，一条步行街串起两片区域。斑驳的深红色墙面，褪色的圆顶回廊，“重生的”石库门建筑乍一看与此前并无二致，但“修旧如旧”恰恰是最费时费力的工程。从空调水电到光纤电缆，建筑工人甚至为一砖一瓦都注射进了防潮药水。2001 年 6 月 30 日，新天地如期竣工。

从一开始要用“八抬轿子”请进店铺入驻，到今天，入驻新天地就意味着源源不断的人流和销售额。传统和国际，怀旧和现代，新天地将这些属性近乎完美地内化在了一起，成为上海名副其实的地标性景点，吸引着申城入时男女和慕名而来的各方游客。

如今，北里多是高级餐厅和时装店，南里的各种概念商店则更富朝气，将两者分隔开来的正是中共一大会址所在的兴业路。当初改建时，为了与保护区内的建筑风格相统一，所有的建筑都没有超过四层。

从1952年仅仅90平方米的展厅，到如今展厅扩容到900平方米的纪念馆，中共一大会址纪念馆与时代共同发展，目睹了周遭环境翻天覆地的改变，也见证了上海改革开放后日新月异的变迁。

记忆：

两甲子，弄堂里还记着光阴的故事

从“狼山路”“白来尼蒙马浪路”再到“马当路”，这条路自存在起，名字变化过好几次，现在也不乏老一辈人唤它“马浪路”。从1898年始建，马当路到2018年走过了120年，两甲子留下的，是几代人的记忆和值得被记住的往事。

今天走在马当路上，已经难觅马当路25号的踪影，这里曾有着上海滩四大书场之一的大华书场。大华书场前身为维纳斯舞厅，1941年改名大华舞厅，日演评弹，夜设舞会。1954年正式命名大华书场，上海评弹团编演的中篇《冲山之围》《麒麟带》《杨八姐游春》《急浪丹心》等皆首演于此，最火爆的时候，长排翻板椅有812席，场场爆满。1939年11月，上海第一个京剧专科学校——上海戏剧学校也正是在大华书场内成立。该校为上海戏剧舞台培养了一批正字辈京剧演艺人才，梅兰芳、张君秋、谭富英、马连良、萧长华、黄桂秋等都特约在此讲课授艺。

曾经宠辱不惊的马当路，在过去承载它岁月痕迹的，便是这条路上默默伫立着的老房子。无论是正在改造中的尚贤坊，还是依然有迹可循的西成里、普庆里，又或是已经消失的宝康里、崇一里，文人雅士留下的故事探寻一番竟也有许多。

“东方之笔”张大千一直将上海视为他的第二故乡，而这个真正的“家”位于马当路 278 弄西成里内。当时，张大千与兄长张善孖相邻居住在 16 号、17 号。16 号、17 号都是典型的老式石库门弄堂房子，坐北朝南，二上二下。兄弟俩把两个天井和客堂打通，17 号楼下的客堂间作为画室，取名大风堂。传言善于画虎的张善孖，为了观察老虎的情态，还在院子里养过一只小老虎。除此之外，画家黄宾虹、音乐家周巍峙等都在西成里有过停留。

而目前正在进行全封闭式整修的尚贤坊被认为将成为下一个新天地。东靠马当路、西靠淡水路的尚贤坊 1924 年建成，若俯瞰，总弄和支弄间形成“丰”字，总弄沿街是过街楼，弄口屋檐水泥压顶，立面上装饰着巴洛克线条和花饰。而要成为上海历史文化记忆的又一处标本，尚贤坊不是没有底气：陈云化名“李介尘”为中央特科工作的传奇经历，郁达夫和王映霞那段轰轰烈烈的爱情都在这里上演。有了新天地的珠玉在前，尚贤坊璀璨的未来计日可期。

民生：

马当路 430 号曾是市政建设的代名词

在马当路老居民的脑海里依稀都还有着对于“南北马当路”的印象。20 世纪七八十年代，合肥路与建国东路之间的马当路由于当时棚户区的扩张导致被拦腰切断，两侧的马路互不贯穿。久而久之，以合肥路为界，便有了“南马当路”和“北马当路”之分。不熟悉的人到了附近，一定会摸不着头脑，门楣上即使有清晰的门牌号，但还是得从两旁的黄陂南路或者淡水路绕行后才能进入。

1986 年，这片棚户简屋得到改造清理，马当路得以贯通，“南北马当路”便也不复存在。随之代替的是由数幢高层组成的马当小区，而现在小区对面的复兴苑则是当时被一起拆除的煤球厂和上海墨水厂。

20 世纪 80 年代初期，上海城市基础设施仍然相对落后，每逢 8 月—9 月碰上台风、暴雨，“交通难”“行车难”等问题让市民叫苦不迭。1984 年，第一家专业从事市政工程建设管理的单位——上海市市政工程开发公司成立。1988 年，公司进驻合肥路与建国东路之间的马当路 430 号。地区排水系统、城市道路桥梁、公共交通建设……哪里需要就去哪里，市政工程公司切实地改善了旧城区市民居住环境和交通出行，而“马当路 430 号”随之成为市政建设的代名词。

进入 21 世纪后，马当路 430 号的市政建设者相继承建了外滩交通综合改造、铁路上海南站、轨道交通 9 号线等一大批市政工程项目，不仅便利了市民的日常出行，也为上海城市的形象建设夯实了基础。这幢毫不起眼的办公楼凝聚了城市建设者的智慧和才能，也成为上海城市建设者的共同名片。

在一个又一个春秋的交替中，马当路的人、马当路的景随着城市发展的脉搏一起跳动，在光芒中沉淀，于无声处绽放。

相关链接

马当路站，曾经的“世博会地铁大门”

“怎么去浦东园区最快?”“去马当路换 13 号线。”

2010 年 5 月 1 日，中国 2010 年上海世博会开园。马当路站、卢浦大桥站、世博大道站，这条当时仅设三站的 13 号“地铁世博专线”在共计 180 天的“世博时间”中，成了浦西居民和外来游客的首选交通工具。地理位置优越的马当路站也成了名副其实的“世博会地铁大门”。进了站，6 分钟就可以踏进世博园区，芬兰馆就在百米开外，欧洲广场、葡萄牙馆等都在步行范围之内。坐过专线的人都说：“到了马当路站，就等于进了世博园。”

而如今，已经贯通的 13 号线把马当路和世博会的缘分延续了下去。列车在马当路站停留后，便在蒙自路下疾驰，前往下一站——世博会博物馆站。2017 年 5 月 1 日，正值上海世博会开幕七周年纪念日，由上海市政府和国际展览局经过三年多建设的世博会博物馆正式对外开放，这也是国际展览局在全球唯一的官方博物馆和文献中心。

相关链接

兜马当路，别错过这些地方

屋里厢—石库门博物馆

“屋里厢”，即上海话中的“家”，沪语中把用一种东西包套或收束另外的东西讲作“箍”，于是这种用石条“箍”门的建筑被叫作“石箍门”，后传作“石库门”。位于新天地里的屋里厢博物馆是一幢建于 20 世纪 20 年代的石库门住宅，充满老上海风情。客堂间、书房、主人房、灶披间、亭子间等重现了当年上海一个石库门家庭的故事，展示了独特的石库门建筑文化。博物馆内的老式缝纫机、琉璃台灯、雕花床架、老唱机、水烟壶等都是旧时实物。

Vera Wang

婚纱女王　华裔设计师王薇薇将自己的婚纱品牌 Vera Wang 亚洲旗舰店选在了新天地闹中取静的马当路 245 号。2013 年正式开幕的旗舰店，设计沿袭了品牌一贯的低调优雅风格，在超大白色磨砂玻璃幕墙的包围下，两层楼的独立店铺宛如头纱遮盖下的美丽新娘，楚楚动人。在 850 平方米的店内有当季和经典的婚纱款式、晚礼服、婚纱配饰等，提供与纽约店同步的婚纱系列及造型别致的头纱配饰。最多仅需五个月，上海的新娘们就可以拥有一套属于自己的高定婚纱。

野兽派概念商店 Little B

诞生于微博的野兽派如今已从花店成长为艺术生活品牌，第一家概念商店于 2018 年在新天地翻新重新迎客。跳脱的霓虹灯光、恰到好处的黄铜元素点缀、花卉艺术家打造的花床展览，这家小店被称作“可以看展的便利店”。不再局限于鲜花和永生花，概念店的产品从进口零食，小众香水到轻奢化妆品一应俱全。文艺青年们逛完商店还可以在店内的咖啡馆喝上一杯特调咖啡。

LINE FRIENDS CAFE&STORE

国内首家 Line（连我）咖啡馆兼商店 2015 年正式进驻马当路复兴 SOHO 广场，自开业以来，这家“最萌咖啡馆”就“谋杀”了无数男女的菲林，开业最初在门口时常排起的长队也为复兴广场带来了不少人气。不等走进店门，门外的人偶和窗户上的贴纸就让人忍不住掏出手机自拍。除了店内的各类装饰外，咖啡店也是相当吸睛，从装咖啡的马克杯、餐巾纸印花到甜点外形无不充斥着卡通元素。除了本地的顾客外，这里也成为不少年轻观光客的打卡地之一。

Fuxing Rd.(M) 复兴中路

W → E

这里有海派风情的浪漫诠释

复兴中路东起西藏南路，西至淮海中路

走过上午 11 点的复兴中路，你会遇到走走看看的老人，也会遇到拿着相机的游客。这是一条有太多故事的马路……刘海粟、冯玉祥、柳亚子、何香凝、柯灵……他们都在这里留下了自己的故事，对了，钱锺书在此地写出《围城》。

人有判若两人，路也有“判若两路”。复兴中路东起西藏南路，西至淮海中路，并不算很长，城市节奏、文化风格和市井况味，却是大相径庭的。马当路以东的复兴中路，充斥着石库门的烟火气；向西，以陕西南路路口陕南邨为界至汾阳路一带，也是菜场和小店遍布，鸡犬相闻。在这两段复兴中路间的那段路程，则呈现出完全不同的样貌：思南公馆、花园公寓、伊丽莎白公寓、黑石公寓、克莱门公寓、米丘林公寓……各种各样的欧式住宅云集，便是这段的特色。

复兴中路曾经名为辣斐德路，1945 年更名为复兴中路。在上海人的儿时记忆中，这一带的弄堂都是宽直的，弄堂口也没有小书摊、小皮匠之类。入夏，天气热起来，走在树影斑驳的路上，总能听到不远处音乐学院教学楼里传来的练歌声。有人在正午的阳光里，无声地骑着脚踏车路过一棵棵悬铃木。

一些网红店也喜欢选择在此集聚，看中的正是这条路的文化底蕴。可贵的是，它的历史风貌和文化被很好地保存了下来，在这条三四公里长的马路上漫步，很容易让人顿生一种由奇妙融合所带来的幸福感。

左邻右舍般的闻人贤达密集

一直以来，优雅的居住环境，使复兴中路竟像是左邻右舍般的闻人贤达密集：复兴中路 512 号，刘海粟故居；517 号，冯玉祥故居，柳亚子也来借居；518 号，米丘林公寓；553 弄复兴坊，何香凝、史良 20 世纪 30 年代在此生活；573 号，钱锺书在此写出《围城》。

这条路上生活过不计其数的名人：陈伯藩、董竹君、柯灵、钱杏邨、丁玲、张大壮、林淡秋……不久前去世的传奇影星王丹凤，晚年便居于复兴中路陕西南路转角的陕南邨。

复兴中路 512 号，一幢沿街的三层楼小洋房：刘海粟旧居。这幢法式花园小宅由实业家朱葆山建造，20 世纪 30 年代被画家刘海粟租下。海粟老人和夫人夏伊乔就居住在此，直至刘海粟去世。刘海粟旧居离复兴公园很近，老人在世时常去那里散步，从公园的前门进，顺着主路走 10 分钟，便是公园的雁荡路后门。这里距南昌路的科学会堂几十步之遥，科学会堂的大堂正面墙上，曾挂过刘海粟的画，兴许他也曾是这里的常客。

在 517 号那幢坐北朝南的法国式花园别墅里，住过时任上海市通志馆馆长的柳亚子。573 号，是钱锺书一家蛰居上海时的所在地，这幢临街的三层楼弄堂房子，是当年钱锺书的叔叔花了大价钱“顶”来的。杨绛的《我们仨》中有写：“辣斐德路钱家住的是沿街房子，后面有一大片同样的楼房，住户由弄堂出入。”1941 年，钱锺书从湖南辞职回沪住在这里，由于家里人口众多，夜里只得和妻女挤于底楼客堂的帷幔之后。后来，家人渐渐离沪，钱锺书一家便搬进了二层与三层间的亭子间，一住就是八年。《听杨绛谈往事》（吴学昭著）中描述过当时情景：屋子很小，除去一张大床，只容得下一个柜子和一张小书桌。

不过无论如何，夫妻二人终有了读书写作、同友人交流的空间。钱锺书“销愁舒愤，述往思来”的《谈艺录》后半部，杨绛的几个剧本都在这间小屋完成。也正是在辣斐德路亭子间里的困顿中，孕育出了著名的《围城》。

老公寓建筑群：
近代建筑文化的美丽剪影

在上海的近代历史建筑中，公寓建筑是一个尤为特别的存在，也是迄今保存最为完好的一个类别。在中国，似乎很少有城市如上海那样，保存了多达160多处公寓建筑群，这些建于20世纪20—30年代的老公寓，是彼时上海的一个美丽剪影，也是上海一项不可多得的历史文化遗产。

20世纪初，作为舶来品的公寓建筑和花园住宅在复兴中路井喷式地涌现。可以说，这个区域几乎是老上海公寓大楼最为密集的地方。早年间居住在老公寓的教师、医生、高级职员们构成上海的公寓文化——重家教、懂礼仪、遵守规则、崇尚人文修养，并在百多年里细水长流地渗入了上海的城市精神。

从常熟路地铁站出来不久，你一定会被一幢红白相间的建筑吸引。复兴中路1363号的玉门公寓（原名“克莱门公寓”）外观出挑，它是由五幢完全相同的公寓楼组成，高三层，连屋顶四层，屋顶有老虎窗采光。屋面为红色机制瓦，南立面为跌檐式山墙，砖瓦砌法考究，极富装饰性。砖饰图案既有西方传统特点，又有现代装饰意味。

1936年，克莱门公寓里诞生了上海第一个室内铺设地板的溜冰场——辣斐溜冰场。1941年，辣斐溜冰场摇身一变又成了辣斐剧场。正值上海孤岛时期，负责演出的是于伶的“上海剧艺社”，不少左联的作品登上过舞台。1954年后，这里又成了“东华书场”——上海说书大多是评弹，再后来，公寓成了居民住宅。不少以老上海为背景的影视剧都在这里取景，比如剧作家曹禺同名话剧改编的电视剧《日出》；讲述知青子女回沪后一系列遭遇的电视剧《孽债》；还有导演许鞍华的电影《半生缘》等。

2003年，克莱门公寓被公布为徐汇区登记不可移动文物。但是，在之前成为居民住宅的过程中，“克莱门”原来的客厅已被改造成了住房，原来的柚木过道走廊上，搭出了厨房，铺设了煤气管道，而公寓原有的内部格局，经多次分割改造已大变样，虽外观依旧好看，但内部格局旧路难觅。小区内，居民违章搭建的用于居住的小屋与整体风格格格不入，很是煞风景。

既要让居民过上“适意”的日常生活，又能兼顾历史保护建筑的要求，一项基于此的改造工程启动了。在这次伤筋动骨的改造中，院落内 36 处共 450 平方米“上了年岁”的违章搭建被拆除。除房屋外立面修缮外，还规划了整体绿化，排布了车位，增设了居民晾晒的设施，增加了居民休息园区和公共活动空间。

改造后的公寓宛如新生，绽放出属于她的生命质感。一些到上海作短期旅居的老外和追逐时尚的年轻人，会慕名来“克莱门”租住。而原来居于此的 220 户居民，也真的过上了“乐惠”而“适意”的生活。公寓楼的外观被保护了下来，依旧散发着历史风貌区浓浓的腔调。

离玉门公寓不远便是复兴中路的标志性建筑——黑石公寓，这幢建成于 1924 年的砖混结构建筑，因填充墙体和部分构件采用黑石而得名，曾多次出现在老上海的报纸和明信片上。公寓体现了折衷主义建筑风格，用现在时髦的说法就是“任性混搭”，这在当时的上海，甚至全世界都算得上走在前沿。1981 年，公寓加建一层。2005 年，黑石公寓被选为第四批上海市优秀历史建筑。

如今的黑石公寓，走廊色调清新，搭配着拼贴出来的马赛克图案，满满的复古调调。顶层大露台视野开阔，从上面俯瞰可与不远处的“克莱门”相望。工作日上午，总有一些上了年纪的老人会在这边走走看看，回望往昔岁月，和背着相机拍个没完的年轻游客擦肩而过。

几度沉浮的老剧场有了重生的契机

复兴中路上，短短一公里内就有几个标志性的剧场。曾几何时，原上海跳水池所在地，不知不觉间冒出了一个巨大的“馄饨皮”。馄饨，上海人爱吃的一种点心，而“馄饨皮”则是上海人对上海交响乐团音乐厅的昵称。

在跳水池的原址造个音乐厅，似乎只有上海人才会有这种奇思妙想。

2014 年 11 月 9 日，旅居海外 30 年的钢琴家朱晓玫，在此上演了一场引发极大关注的音乐会。当时，300 个座位的音乐厅来了 500 名观众。在上海交响乐团音乐厅的舞台上，朱晓玫弹奏了巴赫的《布兰登堡协奏曲》。那天，坐在观众席的人们，是曾经的跳台少年吗？还是曾经和朱晓玫一样通过巴赫练习指法的琴童呢？我们并不知晓，可知的是，台上的演奏家，是漂泊海外的游子。当她归来时，小时候八分钱买一根的雪糕已在这条街上消失不见，但琴声却在此地从未断绝。过了这么多年，上海就是这样生生流转不息。

很多年轻人确实很难理解，为什么一些老上海人执拗地要把复兴中路、瑞金二路和陕西南路的这块地方叫作文化广场。虽然文化广场是名副其实的文化地标，文艺青年们的集聚地，但很少年轻人了解它的前世今生。

从 20 世纪 20—30 年代那个名叫“逸园”的跑狗场，到 1949 年后上海最大的室内演出场所……在上海这座城市的变迁史中，文化广场几度喧嚣几度落寞，甚至离“文化”远去，股票交易中心、鲜花市场曾是这里的标签。不过，一些东西是永在的，新的“上海文化广场”还是回归了“文化”。

复兴中路陕西南路口，那一座已有 74 年历史的“老牌”剧场——上海大戏院，去年重新开门迎客，84 岁的魏阿姨定居国外前就住在这附近，没想到这次回国，上海大戏院的门又打开了：“70 多年前我就来看过戏，那时候还小，（看过什么戏）已经忘了，听说上海大戏院又要演话剧了，我有点怀旧的感觉，想来看看。”

上海话剧市场的繁荣，使几度沉浮的剧院有了重生的契机。大幕拉开的第一部戏是曹禺先生的《原野》。1943 年，彼时的上海大戏院曾演过《原野》，轰动一时。70 多年后，《原野》再次回归，是对时光的一次致敬。修葺一新的上海大戏院，不仅用回了它旧时的名字，更成了“复兴中路剧场带”一颗耀眼之星。

大戏院重开那阵，路过的人们经常在门口的滚动屏幕中看到采访明星马伊琍，她说：“我是土生土长的上海人，基本上每个礼拜我会看一次到两次电影。对（复兴中路）这条马路是挺熟悉的，因为这边还有文化广场，经常来这里看一些表演……剧场可以给这个城市留下很多记忆，剧场还代表了一种文化，你会觉得在这个地方有很多人会排队去买票，或者很多人吃完晚饭会闲庭信步走到这边去看一个演出，其实是生活中一件很惬意的事情，是我在上海生活很享受的一部分。”

家门口的剧院，才是剧院本该有的初衷和样子。而以短暂的生命来感受漫长无尽的时间带来的各种变化，这既是属于剧场的珍贵感受，也是一条马路留存的关于个体记忆的“戏剧”。

Sinan Rd.

思南路

N

S

以书香构建城市人文中轴

思南路北起淮海中路，南至泰康路

12:00

中午的思南路很是热闹，这里有西餐有茶有咖啡，当然还有书的味道、艺术的气息……思南路原名“马斯南路”，是为了纪念1912年去世的法国著名音乐家马斯南，周恩来、柳亚子、梅兰芳、李烈钧、卢汉等在思南路留下身影，构筑出独特的人文景观。

自复兴中路起沿着思南路一路往南，沿街的繁茂梧桐夹道，枝叶在半空合围，挡去闹市喧哗。微风拂过，婆娑树影斑驳，洒下片片碎金。两边排开各式老洋房，卵石墙面、红瓦红窗、铸铁阳台，镌刻着历史的皱纹，却有着超然于时间的优雅底气。不夸张地说，这条马路上，几乎每一栋建筑都有一段故事，每一座花园都是一个传奇。

曾风云际会的思南路，底蕴深厚。这片享有“中国第一座露天博物馆”美誉的历史街区，生长了百年的老宅群落，集中了上海最多的花园洋房品种。如何让这些攒足范儿的地标继续抽枝吐绿？思南路近几十年来的规划，日渐造就了典型的城市更新范本——从“保护与再生”的专业改造思路，到思南读书会、思南书局深耕“书香思南人文中轴”，再到名人故居导览、思南赏艺会、思南美学课等艺术创新因子的注入，一条马路解锁多种跨界打开方式，与市民的日常图景深度互动，“思南现象”成为业内瞩目的文艺爆款 IP。

无怪乎，越来越多人感叹：有一种美好生活，叫思南。

尊重历史传承文脉，打造永不落幕的露天博物馆

思南路，原名“马斯南路”，是为了纪念 1912 年去世的法国著名音乐家马斯南。20 世纪 20—30 年代，比利时公司义品洋行购进复兴中路以南马斯南路东侧 30 余亩土地，于 1912 年逐年兴建具有法国乡村别墅韵味的独立式花园洋房，至 1936 年建成，它就是位于思南路 51—95 号的义品村，是上海早期具有代表性的花园住宅。这条马路 1943 年改名为“蓝田路”，1946 年命名为思南路至今。

风云变幻的近百年，思南路吸引了大批企业家、革命者和文化人迁入，周恩来、柳亚子、梅兰芳、李烈钧、卢汉等在此留下身影，形

成爱国主义的历史蕴积之地，构筑出独特的人文景观。资深文艺评论家毛时安，多年前在位于淮海中路的上海社会科学院工作，去附近思南路口邮局领取稿费，是他特别珍惜的“小确幸”——“出得邮局有时我会慢慢朝南走去，将近复兴中路，思南路开始散发出一股不显山，不显水，不同于流俗的格调和气息来。道路两旁的梧桐树几可合抱。历经上百年的风霜雨雪，树杈横斜溢出，犹如连理枝般地在空中紧紧交错着。”

在他眼中，思南路和路边的每一幢建筑，都是一部叙事性极强的小说。每推开一扇门，就是打开一部小说的封面，许多承载着百年世事沧桑、人间悲欢离合的故事，迎面走来——冯玉祥和他手下那些曾经戎马倥偬但最终厌倦了军阀征战的将军，在这里找到了平静归宿；晚清畅销小说《孽海花》作者曾朴，在思南路 81 号花园洋房里度过了一生中最重要的岁月，文化沙龙高朋满座，客厅灯火彻夜通明……

于是，一草一木都是会呼吸的历史，一砖一瓦承载着名人足迹。思南路记录了当年花园洋房的原生态，密集呈现老上海近乎全部的民居样式，包括独立式花园洋房、联排式建筑、外廊式建筑和新式里弄、花园里弄等，俨然近代海派文化建筑博物馆；作为衡山路—复兴路历史文化风貌区的经典建筑群，思南公馆更是市中心唯一以成片花园洋房保护为宗旨的试点项目，整个街区有 51 栋独立老洋房，一个烟囱、一个扶手、一个门钩都流淌着百年沧桑感，堪称城市历史活化石。

但这条建筑保护之路，走得并不容易。2001 年《上海市历史文化风貌区和优秀历史建筑保护条例》立法调研时，思南路上老建筑的破败，触目惊心。有着炫目光环的老宅子沉寂了，“走不出暮气，贴不近生活”的尴尬如影随形。很长一段时间，这里成了典型的“72 家房客”：厨卫合用，一地鸡毛，上等的木质楼梯旁，杂乱无章地敲个钉子挂个篮子，整体环境不尽如人意。

是让老建筑就此黯淡，还是修旧如故，开发新功能？思南路选择了后者——历时10年，在专业团队的修缮打理、“国家历史文化名城保护专项资金”的扶持下，地标性项目思南公馆打造完成。同济大学建筑与城市规划学院教授、思南路历史街区改造主要参与者之一邵甬记得，为了达到“保护与再生”的双重城市更新目标，团队特地从历史档案中找到老洋房建筑的原始设计图纸，研究房屋结构与细部图案，作为改造和修缮的依据；对一些信息不详的部分，如地板颜色、外墙等，也多方考证。

于是，每幢老建筑获得了不同程度的保留或保护：残旧木地板和扶手被拆下，运到厂里重拼后送回；老式铸铜门把手及插销，上海买不着，就去广东定制；被破坏的壁炉得到修复，绿色小瓷砖照原样烧制，带点裂缝；瓦片去宜兴用陶土按原来的样子做旧；五金件、天地锁、门上装饰条、顶上石膏线，尽力保证原汁原味。

光是修缮房子外立面，专家仔细刮下十几层涂层，反复验证，确认了最初的墙面选材——鹅卵石。经考察后发现南京六合河床上的鹅卵石材质与此最为接近，为保证“原真性”，团队光是对石头排列就试做了65种样板，仅仅是修复外墙，就用掉了800吨鹅卵石，一粒粒镶嵌上墙，洗去表面砂浆，呈现外墙本色。现在的这幢思南公馆宴会厅，整幢楼从东西向转至南北向，整体转向90度，修复团队将原来的砖瓦逐块卸下、标号打包，再按照顺序完全原样重建。

“寻根”和“再造”，如同一枚硬币的两面，贯穿于思南路的保留、保护、改造之中。近20年的整体置换、修复打磨、合理利用后，思南路的辨识度愈发鲜明动人——砖红色的法式孟沙坡顶，尖券门廊，灰褐色卵石镶嵌立面，赭红漆木百叶窗……思南路的精雕细琢可一窥这座城市的匠心与风格。

在梳理历史文脉、做厚人文内涵的基础上，思南公馆逐步由商业载体向开放共享的公共文化平台转型，一座座法式新经典主义花园洋房住宅群，化身为摩登开放式城市俱乐部。

今天，徜徉思南路，展品并不在玻璃罩里，而是触手可及——不光是老洋房，街灯、古树、红砖道，甚至还有鹅卵石墙面，都有专属二维码……没有围墙围栏、不收门票、取消玻璃橱窗，也不设一米线，市民扫一扫建筑外墙上的盾形二维码，就能聆听由各行各业代表人物录制的展品语音介绍，每月都有素人导览的思南漫步之旅。每多一支队伍穿行在梧桐树荫下，人们对这条马路的感情又亲近了一分。

唤醒城市空间的文化活力，“思南现象”成文艺爆款 IP

多年前，一位法国建筑师曾说：“思南路现在还睡着，而我们所要做的，是唤醒它，而不是吵醒它”。如今，当和煦阳光透过茂密梧桐叶，洒在花园洋房的鹅卵石墙面上，多场文化品牌活动次第登场，人气爆棚，“文化思南”已成为思南路最具影响力的名片，激活了城市空间的内在活力。

人们似乎永远都可以期待，思南 IP 下一次的延伸与发酵——从思南读书会、思南书局的书香萦绕，到思南城市空间艺术节、思南赏艺会的演出普及，再到思南美学课、思南影像沙龙、思南纪实空间的创意开拓，以及海派旗袍思南之家、海上思南市集、思南街角之声、思南摩登复古季等一系列有声有色的策划，思南路日益成为城市旅游新地标、全民阅读金坐标、公共空间文化活动风向标。

恰如著名作家、思南读书会主策划孙甘露所说：“思南 IP 创意的辐射，不仅满足了广大读者对文学阅读、艺术交流的需求，更以不断丰富拓展的内涵形式吸引社会各界关注，成为上海打造城市公共文化空间的新亮点、新样本。”

优质文学艺术资源在此汇聚。2018 年春天的世界读书日，思南书局落户于思南公馆一幢欧式四层洋房。这里曾是爱国将领冯玉祥故

居，也是诗人柳亚子读书写作的故地，承载了上海与近代中国的历史文化缩影。思南书局已成沪上资深书迷心中的网红地标，承办了盛夏“上海书展·上海国际文学周”多场活动，每周定期推出读书沙龙、经典诵读会，前不久一举摘得上海“最美公共文化空间奖”。

而回顾思南书局的诞生前史，人们会发现，思南的书香种子早在五年多前就已埋下——2014 年 2 月 15 日，作家王安忆、孙甘露走进“思南文学之家”，开启了第一期思南读书会活动。孙甘露至今记得，首场读书会的主题是“让过去告诉未来”：“我希望有一天，走到世界另一个角落，遇到一个陌生人，他会告诉我，他在年轻的时候曾走进过思南路，因为‘思南读书会’”。

如今，读书会一期一会，迎来了奈保尔、李欧梵、毕飞宇等 500 多位海内外知名作家学者，三万余名读者广泛参与，成了常态化城市周末文化客厅。“偶然经过思南文学之家，屋里亮着灯，我推门入内，那是波兰女诗人辛波斯卡诗集的朗诵会。这样安宁而祥和的场景，出现在一栋老洋房里，如梦如幻。我早已退休了，本来觉得这辈子也就这样了。思南读书会让我这个门外汉迷上了文学，书里的世界之大、道理之深是过去不曾想象的。”读书会荣誉读者、70 岁的许树建感慨，一晃几年了，每周末因文学魅力来思南路报到，他算了算，已累计参加 200 多堂文学课，不仅给老年生活深度充电，还结识许多同好，一起建了读书会微信群，现场分工拍照、速记、整理……读书的乐趣，让他和朋友们深深感受到这条马路背后的书香生态。

许树建是众多热心读者的生动缩影。不少市民循着思南读书会的足迹而来，又在思南书局的特色阅读活动中再度相遇。在思南阅读世界，不止是一句口号——思南读书会、《思南文学选刊》、思南书局・快闪店，再到思南书局，一公里长的“书香思南人文中轴”不断拓宽。而思南路街区文化氛围的发酵酿成，何尝不是上海出版文化界探索新型阅读文化空间、打响文化品牌的大胆尝试。上海世纪出版集团副总裁阚宁辉感慨：“经过多年发展，思南这个物理空间已经转化为精神空间，成为上海书展在精神气脉上最重要的延长线。”

这一切并非偶然。

谈笑有鸿儒，往来无白丁，是思南路多年来的人文底色。遥想约百年前，小说家、《孽海花》作者曾朴住在思南路时，和儿子曾虚白一起办了真美善书店，曾朴能说一口流利法语，翻译了众多法国文学作品及文艺理论。父子俩在家里办起法国文化沙龙，聚集当时上海滩最风流潇洒的一批文化人，著名翻译家徐蔚南、李青崖，美学家张若谷，风流才子邵洵美、徐志摩、田汉、郁达夫都是沙龙常客。他们品茶、吃水果、喝咖啡，用国际化思维方式和审美趣味谈天说地。曾虚白在文章里写下：“我们马斯南路的客厅里到了晚上，没有一晚不是灯光耀目一直到深夜的。”

而如今的思南路，几乎没有一天不是浸润在文艺气息里。一系列融合东西方文化的艺术大展等系列活动选址思南，线上线下的书香人

文地图日趋完善。除了源源不断的文学讲座和沙龙活动，“文化思南”也向公众发出一份份邀约。思南城市空间艺术节的多项演出轮番上演，如同天马行空的艺术派对；集“赏、学、乐”于一体的思南赏艺会，上海民族乐团的古琴、琵琶、二胡、阮等演奏名家，携手书法、诗词、绘画、昆曲、文博、非遗艺术名家，跨界演绎传统文化魅力，一堂堂立体艺术鉴赏课应运而生。“思南公馆本身在建筑形态、街区风貌、人文底蕴上吸收了中西方文化精髓，观众能在街头惊喜偶遇艺术，获得多元的戏剧视野和观剧体验，动态演出与静态建筑相得益彰，并不影响漫步其间的舒适。”业内人士认为，名仕旧居的保护再利用、梧桐绿荫鹅卵石墙的文创活力，都彰显了思南路探索实践文学艺术与日常生活的融合。

其实，建筑和文艺是相通的，它们殊途同归地丈量了时间，成为历史的特别样本。难怪作家毛尖感叹：几年来，思南文艺小分队硬生生把一片高冷建筑群改造成了既摩登又普罗的思南。“我现在打车去思南，没有一个司机会问我要地址，似乎，他们都默认我是文艺中年，去思南读书会充充电。很多次，在人头涌动的读书会现场，上一分钟旁边的阿姨还在谈论鲜肉月饼，下一分钟就进入了诗和远方。我也理解了，为什么在疾风暴雨的黄昏，排队等候入场的观众几乎有一种特别甜蜜的耐心。”

或许，所有参与者的一份份“甜蜜的耐心”，共同造就了思南路独有的慢生活节奏。这里没有步履匆匆的紧张，取而代之的是散步式的放松与闲适。曾当过思南读书会嘉宾的毛时安动情地说：“思南，一个闭口音一个开口音，读起来也很音乐。南，是让人充满遐想的方位符号，可以激发无穷翩跹的广阔联想。”

关于思南路的广阔未来，仍在绵延……

相关链接

思南路上的历史人文地标

思南路 36 号

原为抗日爱国将领杨森在上海的府邸。他结交各界名流，寓所里高朋满座。红砖木构坡顶建筑，爱奥尼克式立柱、圆弧形窗户透出浓浓异国风情。

思南路 44 号

抗日爱国将领卢汉故居。20 世纪 40 年代他寓居于此，曾任国民政府云南省主席，在抗日战争中参加台儿庄战役、武汉会战等，抗战胜利后他代表中国军方赴越南接受日军投降。

思南路 73 号

周公馆，1946—1947 年间中国共产党代表团驻沪办事处旧址。当年国民党不允许中共中央在上海设办事处，从南京来沪的董必武果断地说：“不让设办事处，就称周公馆”。1947 年 3 月 5 日中共驻沪人员被迫撤离前，周恩来四次来沪居住于此。

思南路 87 号

梅兰芳故居。1931 年九一八事变后，拒绝为日本人演出的梅兰芳离开北平，全家迁居上海入住此地。期间梅兰芳排演《抗金兵》《生死恨》等戏。抗日战争爆发后，梅兰芳息影舞台，蓄须明志，闭门谢客。为拒绝庆祝所谓“大东亚战争胜利”，梅兰芳不惜冒着生命危险连注三针伤寒疫苗，引发高烧，经日本军医验证才免去演出。1945 年 8 月 15 日，日本投降当天，梅兰芳在思南路寓所里剃去留了十几年的胡子。

思南路 91 号

李烈钧故居。他曾是江西都督府参谋长和海陆军总司令，1912 年孙中山正式任命他为江西都督。1913 年李烈钧在湖口成立讨袁军总司令部，发布讨袁檄文，揭开二次革命序幕。1928 年李烈钧从政坛引退，来上海闲居时就住在这里。

Fen yang Rd. 汾阳路

在马路铺就的五线谱上，奏响时间的乐章

汾阳路穿越徐汇区，北起淮海中路，南至岳阳路，自东北向西南曲折延伸

N

S

13:00

下午 1 点，阳光正好。在熙熙攘攘的淮海中路的映衬下，汾阳路显得更加静谧。踏上这条小路，时间仿佛突然停止。

如果要用一句话概括汾阳路，那一定是：音乐的符号无处不在。

音乐为它染上浪漫的诗意，上海音乐学院、乐器店、巷子深处的文艺场所……悠扬的琴声和歌声从中传出，通过密密匝匝的青绿树枝，荡漾在马路上。不经意间，便能邂逅背着大提琴、小提琴或手风琴的学子。

汾阳路上的故事，宛如一个个灵动的音符，在短短815米的五线谱上，奏响时间的乐章。

写下时间和琴声交错的城堡

和不少上海的小马路一样，汾阳路既不长，也不宽。在与之毗邻的淮海中路的映衬下，它显得更加静谧，仿佛时间也突然停止。道路两旁粗壮的法国梧桐背后，掩映着现存上海最老的全木结构独立式花园洋房——海关俱乐部，由匈牙利建筑师邬达克设计的海关税务司官邸，还有如同欧洲城堡般的“海上小白宫”（上海工艺美术博物馆）。它们至今保存着昔日风貌，是这个城市里独立于那些高楼的存在。

而与其他沪上小马路不一样的是，因为上海音乐学院的存在，在汾阳路这条人们口中的“音乐之路”上，可以见证它如何筑就“时间和琴声交错的城堡”。

汾阳路20号，始于1927年的上海音乐学院位于这里。近代上海的音乐发展史复杂而丰富，其中有多少值得被铭记的往事，就是在上音的校舍里发生的。这所学院所留存的中国音乐界“和毅庄诚”的优秀传统，由蔡元培、萧友梅、黄自等人开启，尽管经历战火和岁月变迁，但经由贺绿汀、丁善德、周小燕等几代人的传承，一直延绵发展。走在路上，耳边仿佛响起小提琴协奏曲《梁祝》的旋律。这首奏响世界的名曲彼时就诞生于上音，它的题材是中国文化所独有的。在

那之前，从没有人料想到越剧能被创造性地用在交响乐里，还能与之水乳交融得那么妥帖、那么美。恰同学少年，半个多世纪前，学越剧的何占豪和学作曲的陈钢及其他师生一起，在汾阳路上创作出了《梁祝》，首演时由俞丽拿担任小提琴独奏，如今它早已是中国的一张响当当的音乐名片。据陈钢回忆，当年的上音学派林立，教授们的学术渊源既有德国派，也有美国派和法国派，后来还加上苏联派。师生、同事之间相互敬重的温情，以及活泼的学术氛围，一直深深存在于他的脑海里。

站在汾阳路 20 号的大门朝里望，两幢毗连的红色小洋楼浑然一体，这里曾是上海滩闻名一时的犹太人俱乐部。如今左边为上音办公楼，右边为贺绿汀音乐厅。上音人口中的“贺厅”是上音的灵魂所在。白天的她默默守护校园，为学院里的师生服务；夜晚的她在金色灯光映衬下，红白砖瓦熠熠生辉犹如穿上盛装。“贺厅”迄今经历了三次改造：1958 年后改建成为上音大礼堂，原本旁边还设有小礼堂即现今的贵宾休息室；20 世纪 70 年代进行了一些声场优化，增加了吸声处理，安装了水泥木丝板；2002 年在大礼堂的基础上原拆原建，为确保音乐厅的净空高度，保证声场空间，调转了舞台方向。今天的“贺厅”建筑面积 4357 平方米，舞台面积 125 平方米，拥有 744 个座位，建筑和声学设计参照了世界一流的维也纳金色大厅，音响效果极佳。

“贺厅”里留下包括周小燕、郑石生等上音名师动人的身影；“贺厅”曾接待一大批世界友人，改革开放初期小提琴大师艾萨克·斯特恩就到访过这里。“贺厅”也留存着无数师生宝贵温暖的记忆。声乐歌剧系教授方琼回忆，最让她恋恋不忘的就是大礼堂里每年年底举行的新年音乐会：“记得有一年，大家在‘贺厅’门口点起几堆篝火，搭着台表演，虽然上海的冬天很湿冷，但每个上音人的心里都暖洋洋的。”现在的“贺厅”在功能上，对内承办各类音乐节、讲座和大师班等，包括上海之春国际音乐节、上海室内乐艺术节、上海国际打击乐周、上音国际钢琴大师班等；对外则承接许多大型优质演出，为市民提供社会音乐教育的平台。

备受世界瞩目的“音乐之路”由此可期

走在汾阳路上，常常能听见琴声和歌声穿过梧桐飘来。一个又一个背着琴的年轻学子，沿马路走进上海音乐学院。抬头望，才发现上音的新教学楼就在曾经的犹太人俱乐部旁边，两者看上去难分新旧。2007 年 11 月 27 日，在上音建校 80 周年的喜庆日，举行了新教学楼的落成仪式。这栋新建筑的外立面造型采用隐框幕墙式凸窗和浅黄色石材墙面，以模拟黑白琴键的形态，建筑平面则以相对完整的三个建筑组合斜向展开，形成错落的韵律和节奏，与周围的街道、校园内其他老建筑形成了协调的对话关系。

与建筑一起“升级”的，还有汾阳路上的音乐人们。这几年，他们又试着用音符去记录这个时代的点滴，比如金承志和他的上海彩虹室内合唱团。近年来，上音启动“双馨双成”“音才辈出”“音才助飞”三项人才支持计划，开展“人才蓄水池”工程，大力培养卓越人才队伍。

多媒体交响剧场《丝路追梦》、音乐剧《海上音》、音乐剧与歌剧《汤显祖》、歌剧《贺绿汀》以及《“中国梦”歌曲传唱系列》等重大题材原创作品接连将中国传统文化推向世界。“音乐开放周”“上音众乐星期音乐会”等300余场音乐会与艺术实践，则服务了数十万社会观众，使校园成为市民的音乐课堂和审美殿堂。

眼下，又有一幢崭新的建筑从汾阳路上拔地而起。上海音乐学院歌剧院已正式启用。建成后的上音歌剧院除了一个1200座的中型歌剧院之外，还有四个排演教室将分别用于歌剧、管弦乐、合唱和民乐的排练，以满足学院的教学需求；一个报告厅用于学术交流。上音歌剧院已成为一个集创作、表演、教学、实践、管理于一体的歌剧艺术和音乐舞台创新实验新中心。上海音乐学院党委书记林在勇许下约定，邀请世界音乐人于未来访问上音歌剧院。他说：“这里会成为全世界最棒的音乐展示舞台之一，上音将准备好优秀的作品欢迎大家的到来。”

目前，针对复兴中路—汾阳路区域进行整体改造的计划已经提上日程，这里会被打造成国际音乐文化街区，集聚国内外知名音乐机构，引入音乐机构总部和大师工作室等。时间的乐章将继续在汾阳路上奏响，一个备受世界瞩目的“音乐之路”由此可期。

相关链接

汾阳路上的花园住宅，每栋都有说不尽的上海故事

作为历史老街，汾阳路始筑于 1902 年，为法租界越界所修，当时以法驻华公使名命名为毕勋路，1943 年 10 月改为汾阳路。在汾阳路上，这一栋栋绿树掩映下的花园住宅，透露着上海的文脉和气度，记载着时代的旧梦与新象。

海上小白宫

汾阳路 79 号的高墙深院内，藏着一座典雅庄严的白色建筑。这里原是法租界公董局的官邸，建于 1905 年。整幢建筑的外墙以凿平的石块作贴面，看上去犹如一座古城堡。由于它的色彩、造型和美国华盛顿的白宫颇为相似，故被称为“海上小白宫”。

新中国成立初期，中苏友好协会上海分会入驻此地。1963 年 5 月，在陈毅的关心下，上海民间最优秀的工艺美术家相继在此工作和传艺，同时还在里面建立了工艺美术品陈列室。1980 年，经过重建的上海市工艺品研究所迁入这里，并在大楼内设立上海工艺美术博物馆，陈列和销售研究所收集与自己研发的工艺品，吸引了众多国内外观光者前来参观和购物。美国总统里根、英国首相希思等曾光临此地，在参观工艺品的同时，也对这幢华美的建筑产生了浓厚的兴趣。

这里还是现成的影视拍摄基地，《宋氏三姐妹》《南征北战》《大雷雨》《聂耳》等影视作品中的某些场景，都是在海上小白宫拍摄的。

海关俱乐部

在汾阳路 9 弄 3 号，竖立着一幢带有英国浪漫主义建筑风格的两层小木楼，它是建于 1898 年的海关俱乐部。这栋建筑是现存上海最早的独立式花园洋房之一，被列为上海市优秀历史建筑。它有着台锥形翘檐屋顶，屋面上盖有瓦楞薄板，屋顶四面均有翘檐老虎窗；西北角有一个小四方翘尖塔，南向屋下设方柱敞廊，外墙用木材制作成横线条鱼鳞板条。

1863 年 5 月，英国人鲁宾・赫德来到上海，就任上海江海关税务司，兼管长江各口关务。赫德是一个很典型的老派英国人，讲究规矩，职业性很强，他服务于中国海关，任总税务司长达 50 年之久。在沪任职期间，赫德建立了中国海关关署，招募了一批外籍高级职员。赫德为使这些远离家乡的年轻人能度过一个个寂寞的夜晚，就在中国海关关署附近建造了这幢中国海关关署俱乐部，俗称“小木楼”。当年一些洋人就在小木楼里休闲娱乐，消磨夜晚。随着上海娱乐建筑的增多，“小木楼”不再红火，后来这所别致的花园洋房便成了海关职员家属住宅，存续至今。

Shaoxing Rd. 绍兴路

W → E

昆剧团出版社书店咖啡馆串成一线

绍兴路位于黄浦区西部，东起瑞金二路，西至陕西南路，长约 480 米

14:00

绍兴路不长，走一个来回也不过十多分钟，却让人甘心消磨一下午。从下午 2 点开始，你可以在这里喝咖啡，看书，再听上一段昆曲。

绍兴路原名爱麦虞限路（Route Victor Emmanuel Ⅲ），1926年上海法租界公董局修筑，以意大利国王名命名。

说绍兴路是上海最“文化”的马路之一，恐怕没有人会反对。

若是问原因，只消列出几个门牌号及其所在单位：绍兴路5号，上海市新闻出版局；绍兴路7号，上海文艺出版总社；绍兴路15号，上海音像出版社；绍兴路54号，上海人民出版社；更不必说这里还曾驻扎过百家出版社、上海三联书店、学林出版社、上海人民美术出版社、中华书局上海编辑部等大大小小十多家出版机构，说是占据上海出版业大半壁江山也不为过。连同与改革开放同岁的绍兴路9号上海昆剧团，20世纪30年代见证中国美术史发展历程的绍兴路7号中华学艺社……这条长不过480米的小路上，谈笑有鸿儒，往来无白丁。

漫步绍兴路，走一个来回也不过十多分钟，却让人甘心消磨一下午。披梧桐剪影而去，沾染上一身书香雅韵。

“鲁迅小路”上的鲁迅和他的后继者

有段时间朋友问起作家孙颙在哪上班，他会神秘地给出四个字——鲁迅小路。

绍兴是鲁迅的故乡，这哑谜本是文人间的雅趣。不管是孙颙，还是他的前辈同行，大多是先生的仰慕者、追随者。

是巧合也是注定。在绍兴路还用意大利国王“爱麦虞限”命名之时，鲁迅和烽火时期的进步文艺人，就在这里留下时代印痕。上海文艺出版社老社长丁景唐是鲁迅的追随者，曾写过《学习鲁迅作品的札记》，亦熟知“左联”的不少掌故：在上海文艺出版总社所在的绍兴路7号，鲁迅曾和青年艺术家办过木刻艺术展，现代若干影响很大的木刻作品在这里首度亮相；这幢建筑的顶层原是剧场，抗战时期进步青年在此排演黄河大合唱……也许正是这段渊源，20 世纪 60 年代初起，上海文艺出版社陆续出版了影印版《前哨》《文艺新闻》等“左联”时期刊物。那些只见诸于鲁迅同友人信件中的珍贵文献得以穿越战火硝烟，完整了中国现代文学，尤其是革命文学的坎坷历程。

由绍兴路 7 号书写的美术史，不只有鲁迅扬起的木刻艺术旗帜。

82 年前的初夏，时年 41 岁的潘玉良，已是上海美术专科绘画研究所主任。而她在这里举办个人画展，已不是第一次。

拾级步入门廊，来不及欣赏单柱支撑的简洁穹顶，便一路顺着铜制扶手，阳光透过彩绘玻璃，把窗上的花草图案投射在过客的衣衫上，影影绰绰如走马灯，不知那时的潘玉良，是否会恍一下神，蓦地记起上海美专求学时，在中华学艺社与同学友人谈艺论道的情景。

1930 年迁址此地的中华学艺社原名是丙辰学社，是 1916 年留学东京的陈启修、王兆荣、周昌寿等 47 人创立的。“今者世界大通，万国比邻，国之强弱……皆将于学之发达与否观之，吾人以后进之国若于此时不谋所以急起直追之术，虽幸存残喘于今日，数世而后宁有幸哉”，《丙辰学社宣言书》“科教救国”的思想漂洋过海，从北京到上海一路发展壮大，成为中国现代史上覆盖学科最广的民间学术团体，将文、史、哲、理、工、教育、艺术等领域精英集聚一堂，鼎盛时有社员达到 800 余人。

这样的规模不能不说与“大本营”绍兴路 7 号有着渊源。这栋建筑大小房间很多，相当一部分房间被辟作宿舍，供居无定所的青年学人和青年艺术家租住。傅雷、倪贻德、张弦等均先后在那里借住。20 世纪 30 年代，集出版、展览、研究、公寓于一身的中华学艺社，成为沪上，乃至整个中国学界的摇篮。

绍兴路 7 号的学风一直延续到新中国成立后。一代“画匠”贺友直便在这里设立的“上海连环画工作学习班”开启了自己的艺术生涯。连环画作为中国特有的样式迅速发展，单从“小人书”这样的名字，可想见其难登大雅之堂。但在 1952 年学习班却为学员邀来了涂克、王元化、黎鲁等各领域文化大家授课。

贺友直和他所在的上海人民美术出版社，在绍兴路上耕耘多年，用《红楼梦》《三国演义》《杨家将》等一系列连环画，以中国传统文化为依托，成为一代人的文化记忆。直至 10 年前，看着连环画长大的一代人，又回到绍兴路 17 号的上海人民美术出版社服务部，淘起童年回忆。

吹叶可知风振海。

改革开放的风起云涌，仅从这条小马路、从上海出版界吹起的一阵出版新风，便可感受到。1978 年 11 月，距离《文汇报》的《于无声处听惊雷》长篇通讯引发全国反响仅一个月后，上海文艺出版社决定出版话剧《于无声处》演出本。苍蓝色的封面只“于无声处”四字如惊雷，这是出版人与新闻人的热情呼应，更是文艺久旱逢甘霖的畅快握手。

有了好书，如何提供给更多的读者？1986 年 8 月 5 日，上海文艺出版社与上海文化出版社联合刊登了一则启事——《率全国之先推出读者俱乐部》。为会员免费提供书单书讯、举办读者讲座沙龙……这样的创新，比风靡一时的“贝塔斯曼书友会”整整早了十年。进入 2000 年，绍兴路 9 号旁的弄堂又打出一块小小的绿色招牌——文艺书吧。喝茶看书的一方温馨空间，或许就是如今实体书店体验式消费之雏形。

从读者俱乐部到书吧，形式上是出版社为适应市场、满足读者不断提升的文化体验需求所做出的革新之举，而之于当时的数万名读者会员，吾心安处，便是故乡。

不管时代浪潮中出版的改革创新如何，唯独这条马路宁静如初。时光像在这条小路凝驻，自 1943 年来定名绍兴路后，这里既没有拓宽，也没有延伸。无论外面的世界高楼拔地而起，车水马龙，这里的出版社与民居共同保有城市的另一种面貌——是诗意的，也是入世的。

世纪交替之时，刚从部队转业的莫言来上海采风，便被绍兴路的这样一种气质吸引。他写道："那时的上海，已经发生了巨变……繁华而现代，喧嚷而热闹，令人眼花缭乱，流连忘返。但我更喜欢绍兴路那样的环境，那样的氛围，有几分寂寞，几分冷落，几分凉意，是一种很文学的感觉。"

流连一处风景，更是流连人心。他同已故的上海文艺出版社原总编辑郏宗培是知交好友。正是因这份情谊，莫言把自己得意的长篇小说《蛙》交给了文艺社。这部作品随后获得茅盾文学奖，实现了文艺社在茅盾文学奖上"零"的突破。而到了2015年的茅盾文学奖，文艺社出版的格非长篇小说《春尽江南》、金宇澄《繁花》更中两元。这位莫言笔下"南人北相"的出版人，和他办公室曾常年亮着的"八角楼灯光"，点亮了绍兴路的文化魂。

文学、戏剧，美术，那些重要的名字和重要的时刻，始终在这条小路上交汇、发光、更迭、生长、蓬勃。

从安家、回家到守家，水磨调41年几经沉浮终迎盛景

绍兴路9号这幢三层的建筑，是法租界时的警察俱乐部，从外部看中规中矩，可走进内部，大厅墙上螺旋状的石膏装饰依稀可辨当年的优雅华美，而随木质的旋转楼梯视线向上，彩色玻璃将阳光拆解，与古典吊灯一同映照出的，是斑驳的树影，亦是静好的岁月。

若得一个闲适的周末，不妨走进绍兴路9号，放缓步伐拾级而上，悠悠水磨调声声入耳。这里二楼的俞振飞昆曲厅，周周有好戏上

演。只是别忘了提前买票，不到 200 个座位，常常是月初挂牌早早售罄。

好奇心重一点的，又或是熟门熟路的，只管径直走到三楼，门厅也被改成了练功地，跟斗水袖翻飞交错，来得晚了，只能和拉筋吊嗓的“迟到者”促狭地立在角落。而推门走进面向马路的大房间，则更是热闹得让你觉得来到另一个世界。年轻人在舞台中央有模有样，而看一旁，银发老人不疾不徐地用手拍着桌子，随着少年人的声音口中小声哼唱。矮身找一处立足，细品唱腔里的如花美眷、似水流年，原来虚度时光也可以如此踏实。

今日的闲适与生机交叠共融的光景，还须从 1978 年说起。改革开放浪潮将起之时，昆曲界也捎来春的消息。绍兴路 9 号，这个昔日上海京剧院的旧址之上，将成立上海昆剧团。

那时，距离新中国成立后培养的第一批昆曲演员——昆大班毕业已有整整 17 年。17 年来，蔡正仁和他的同学们，不是被借调其他剧种唱戏，就是在工厂做工，人到中年昆曲梦早已尘封心底。而他们的老校长，出任上海昆剧团团长的俞振飞也已是76岁高龄。

所有对逝去的青春的感怀，都化作传承创新的动力与激情。《三打白骨精》《墙头马上》《牡丹亭》《琼花》等一系列传统经典与新编作品接连推出，错过舞台最好年华的昆曲人比谁都珍惜“绍兴路9号”的家。

可谁也不曾想到，当时带着对昆曲艺术的激情，却与市场大潮撞个满怀。

1991年，昆曲人将二楼的破败舞台，改造成驻团的小剧场，定名兰馨戏院，希望用“每周演、每周教”的形式长期普及昆曲，拓展观众。可惜，从最开始曲友的奔走相告，很快面临的是台下只有几位花白头发老主顾的窘境。那些年，昆曲人最怕下雨，屋外的雨打梧桐令绍兴路别有一番情致，可送出去请观众看的戏票注定又是打了水漂。

面对台上演员比台下多的落寞与寂寥，坚守，成为上海昆曲人的信仰。二十年如一日，不管台下人多人少，几代人的演出不曾间断。从绍兴路9号出发，兰馨雅韵唱到了校园社区，唱到了当代剧场，唱到了海外顶尖艺术节。而不管走得多远，屋里厢的一方舞台，总有人坚守，总有戏上演。

2013年这座历史保护建筑历时四年整修一新，昆曲人又回到了熟悉的小楼，兰馨戏院也正式更名俞振飞昆曲厅。举起前辈的大旗，一则为纪念，纪念这位在昆曲濒临“绝种”之时，临危受命传承昆曲，一生奉献的艺术大师；二来或许也希望老艺术家能以这样的方式见证当下昆曲的春色满园。

2018年新春，上海昆剧团用作品盛大“庆生”，特别做了一新一旧两块“绍兴路”路牌。旧的那块，是主创特别到上海图书馆查阅资料，等比复原的。从灰色的水泥牌，到崭新的金属牌，其寓意的又何止历史变迁？后台，舞美师傅对着路牌怔怔良久。那份对昆曲的痴心，对家的眷恋，深埋于每一代、每一位上海昆曲人心中。

从安家、回家到如今的守家，600岁昆曲的几经浮沉再一次浓缩在这短短的40多年中，浓缩在这条400多米的小路上。只是站在这最好的光景看未来，仍可期许，昆曲的良辰美景、文化的繁荣复兴，就在眼前。

相关链接

马路记忆掠影

如果把城市比作一个人，绍兴路或许只是食指上的一根毛细血管。新陈代谢的进程之中，新的故事新的人，将在这里接续情怀之棒，不断拓展、更迭着城市的文化内涵。

汉源书店：曲终人散情未远

过去20年间沪上最美书店排行榜，一定少不了原坐落于绍兴路27号的“汉源书店”。而张国荣斜靠沙发，翘起脚读书的照片，更是成为“荣迷”心中的经典画面。

张国荣有多偏爱这里，每到上海，便要到汉源书店虚度一小段时光，而他的写真《风月》也在此取景。坊间更是流传着这样一个故事，演唱会前夕，张国荣偷得浮生半日闲，躲在汉源书店，泡上一壶茶，翻看几本书，消磨了一下午。临走时还抱怨，若不是晚上有演唱会，他能在这里待上更久。

虚度时光的会客厅，或许就是创始人尔冬强希望这一方空间带给每个人的。暗红色地砖、金色窗帘还有古董台灯，ART DECO的装修风格如同来到盖茨比的华丽世界。可又不尽是浮华。书架上的藏书，

周身的古董摆件，又都藏着岁月的故事，等待着访客去发现。

王安忆、阿城、陈村、王朔、孙甘露、陈丹燕、金宇澄、杨炼，20多年来作家诗人的来去之间，令汉源书店俨然如塞纳河左岸的咖啡馆。至于普通人的造访，命运也早已为其留下人生彩蛋：外国游客在这里喝茶翻书，却意外看到了外婆客死上海的墓碑照片；犹太孤儿在这里找寻到父亲留下的印迹而失声痛哭……温暖和感动的记忆在这间狭长的客厅蔓延滋长。

汉源书店于2017年末迁离绍兴路，如今，在陕西南路上，以新的形象迎接往来读者。

维也纳咖啡馆：通向维也纳的“任意门”

滚烫的咖啡上挤一朵雪白的鲜奶油，随意划出巧克力糖浆的线条，最后再捻些七彩米，一杯维也纳咖啡便做好了。奥地利人似乎是要用尽所有对甜蜜的想象，来调和这一口咖啡的香浓。也就难怪欧洲人偏爱不已——是维也纳人让品尝咖啡变成了文学，变成了艺术，变成了一种生活。那么之于绍兴路，如果出版社的墨香是底色，那么点缀其上的花店、咖啡馆、手作店便是奶油、是巧克力、是糖米，点缀其间，方得活色生香。

维也纳咖啡馆或许就是那咖啡上的一粒七彩米。门面不过两米，“Vienna Cafe”的黑底金字招牌，倒是和欧洲街巷里的小店一般情致。而走进其中，条纹墙纸、铜版画、足料的自制蛋糕，或许正是给停留异国的欧洲友人带来了一抹乡愁，这间容纳不过几桌的咖啡馆，在这条路上存在不过 10 年，却被视作上海最接近奥地利的地方。

20 世纪 30 年代，聚集犹太人的霍山路被称为“小维也纳”，如果时空真可穿梭，这间开了 10 年的不起眼白色店面，或许就是“小维也纳”曾再现过的“任意门”。

绍兴公园：信有山林在市城

在绍兴路，你会感慨于每个景观都与其相匹配，精致熨帖，成了建筑与人的默契。

绍兴公园也是一样。

说是公园，和人民公园相比，绍兴公园连其中的一块绿地面积都比不上。而在新中国建立前，这里更是垃圾成堆污水横流。1951 年建成公园后的 60 多年间，换过好几个名字，像是为马路上往来的文人，构筑了一个微缩版的江南园林。

顺着一条蜿蜒小道，八方小花坛循迹错落，还没抬眼，视线便随着绿树到了尽头，落于紧邻的民居围墙之上。不过，麻雀虽小五脏俱全。小桥、流水、山石、土坡被巧妙安置。穿过前庭犹如屏风的门墙小院，走入中庭，只需借一点想象力，山石壁景、深岩幽壑、峭壁叠

瀑如在眼前，而在视线尽头，是随逝赋形的仿竹廊亭、竹林小林径。

绝怜人境无车马，信有山林在市城。绍兴公园把这样的园林美学发挥到极致。

Wu kang Rd 武康路

N

S

时光纵无痕，旧梧桐年年有新知

武康路位于徐汇区，长 1183 米，北起华山路，南至淮海中路接天平路、余庆路

15:00

有人说，下午 3 点的时光，约会才是正经事。而武康路似乎就是为下午 3 点的约会准备的。你可以逛逛街，拍拍照，在老洋房里喝个下午茶。

武康路上，旧梧桐像是时光机。不论季节，只消细碎的阳光从枝桠错落间倾泻一地，俯身拾起的，就是流金岁月。

在 2 号的弧形大阳台下留个影，转身大概就有重读《子夜》的冲动。99 弄那座英式宅子，会在光晕里透出细尘，李安喜欢的调调，影迷也追着来。步入 113 号的庭院，不少人认得出那只被网友唤作“李二妮”的猫，因这院子盛放的是巴金的“家春秋”。密丹公寓、美杜公寓、开普敦公寓、武康大楼……一楼一型格，梧桐边满是“任意门”，出入其间，文艺男女、考据爱好者、网生代创业人，随时切换身份。

能悠游穿梭百年时光，得益于原汁原味。一公里出头的马路永不拓宽，旧梧桐便可不动声色，看流年，见世面。

“原汁原味”又远非字面那么简单，它更像是“无痕”——一边随时代立在潮头，一边追溯保护这条路最优雅醇厚的气质。比如这些天，环绕武康大楼的架空线开始逐步藏进地下，附近天空层层舒朗起来。比如这些年，不断推进的城市“微更新”让街区仿佛上了“裸妆”，看似素颜，却比素颜更动人。

在发展中抹去额外的印迹，许是武康路的妙解之一。如此，时光纵无痕，梧桐却能守着旧雨会新知。

著文与治城：

这条路上，砖瓦草木落叶青黄都是“文”的千言万语

武康路的闻名是如同大树年轮那般层层积淀下来的。

最深最密的那些，应记得巴金老人。一代文学巨匠在此托身五十载。他在庭院里种樱花、栽枇杷；在客厅里同中国文学史上的那些名人谈笑相聚；还伏在“太阳间”小桌子上写《随想录》，从古稀直写到了耄耋，笔下激流万丈崖。至于那院子究竟

往来多少名流？巴金故居馆长周立民说得精道："这是一本书也写不完的话题，还是先弄清谁没有来过吧！"

的确，巴金的"左邻右里"，同时代或不同的，真正是"往来无白丁"。年岁深一点的梧桐"见多识广"：黄兴、孙中山、陈毅、邓小平在此下榻过；2009 年诺贝尔物理学奖得主高锟曾就读于这条路上的世界学校；而唐绍仪、陈立夫、贝聿铭、莫觞清、王人美等，也都是武康路"浓缩上海近代百年历史"的组成因子。

待改革开放春风拂来，浓郁人文气成了凸显气质。80 年代的年轮里一定藏着好听的自行车铃，65 岁的孙道临告别王文娟，从武康大楼的家中出发，赶到中国唱片公司去灌录莎士比亚戏剧对白。同一时段，395 号那幢巴洛克风花园建筑，有 16 年光景是上海电影演员剧团所在地。在附近遇上个把明星不是问题。再往后，陈逸飞从美归来第一个落脚点就在窄弄深处。王安忆在早春遇见了她小说的原型……

老房子给了武康路讲故事、著文章的底蕴，但故事怎么讲，马路

是如何真正火成了“网红”，却绕不开“治城”二字。

武康路上的旧梧桐们见过老房子的多次变身：1986 年底，上海被列为“国家历史文化名城”。两年多后，市里给全市的老房子造册，逐步确认了 632 处 2000 余栋优秀历史建筑。1999 年，武康路被划进衡复历史文化风貌保护区。2003 年底，衡复保护区启动整治工程。2007 年，武康路被定为全市首个历史风貌保护的试点马路，保护性整治再上台阶。

渐渐，铁门镂空透了绿，违规商铺被清理，沿街窗户材质、空调外机颜色、遮阳篷规格、店招式样，乃至每棵行道树的树冠直径等，都按历史文脉一一修整妥帖。整治后的武康路，在 2011 年成为上海第一条“中国历史文化名街”。

铭牌挂上了，“微更新”仍在路上。比如人行道上用来划分自行车停车区域的线条，不再是司空见惯的白色油漆涂成，而是用青灰色混凝土砖块拼接起来。又好比“落叶不扫”，并非真的完全不扫，而是视落叶堆积程度，带点美学思维地艺术性地扫。点点举措看似不起眼，可连点成线再到面，武康路在不变中变得更美。

另有些改变也悄然发生：巴金故居向公众开放；沿街每一栋老房子上都有了讲述身世的二维码；文艺青年视此处为“圣地”，潮人、商户纷纷相中这里，创客们更希冀沾染空气里飘溢的灵气。

一条带文脉的马路，一座有文化的城，终究应如此——她不仅有大师，有历史，还有可阅读的建筑，有落叶满地秋色如画的街巷。当武康路上的砖瓦草木梧桐青黄都成了“文”的千言万语，街巷甚至城市本身也成了“大文化”的本体。这让身处极速发展的人们，能在此地找到“吾心安处”。

80 多年前，萧伯纳赞扬武康路：“走进这里，不会写诗的人想写诗，不会画画的人想画画，不会唱歌的人想唱歌，感觉美妙极了。”现在依然是。

面子与里子：终于，那些花园洋房又成了居民心头的白月光

从筑路的20世纪初到1998年，武康路上渐次留下了各年代的建筑，法式、英式、西班牙式，不一而足，堪称“上海近代建筑博物馆”。

如今，393号那栋别具一格地中海风情的房子成了徐汇老房子艺术中心。每月，此地都会举办“老房子故事会”，邀老房子爱好者们将一条小马路的沧桑百年一一拆解，从邬达克、威尔逊设计的建筑，到金融巨鳄、丝绸大王的传奇，漫游细品。从某种角度来说，故事会与思南读书会异曲同工，隔段时间都会聚集起一群人，形成文化的“雅流”：有老者打“飞的”赶来，有大学生拖着行李箱直奔现场，更多的是热爱这座城市的人们来赴此地一期一会。

故事塞满了一整条街，听故事的自然陶醉，可住在故事里的人却

并非日日活在了情致里。

师陀在武康路住过七年。1985 年 2 月 10 日，他在写给夏征农的信中描述了自己的居住状况：“我的住房只有两间，地板结构，共计面积五十二平方公尺。另外煤气、大小卫生间、灶间俱全，全部独用。只因其中一间做我的书房、工作室、会客室，兼卧室，我儿子廿多岁了，仍和他妈妈同住一间，甚是不便……”

师陀旧居位于武康路 280 弄 35 号。20 世纪 80 年代，这类闹中取静、梧桐掩映下的花园洋房，像是上海人心底的一片白月光，满足人们对住宅的一切想象。可如作家在信中诉说，老房子里的生活，非外界所想。洋房里的一蔬一饭，并不会因它们浸润的文气而摆脱了庸常。尤其是，与作家相邻的整条 280 弄里，不少都属于“72 家房客”。

老报纸里记载了当年实情，约从 1987 年开始，每逢夏季，报纸上都会刊载“停电检修预告”。住户多，家用电器也逐渐升级，老房子的民用电网不堪重负，一到酷暑就频频告急。这情形一直持续到 21 世纪初。更难以启齿的还有洋房里的化粪池，洋房弄窄巷子深，抽粪车开不进的弄堂只能靠人力小车，每每此时，人人避之唯恐不及，“白月光”眼看沦为“饭黏子”。

有意思的是，逼仄的空间却催生了不少生活智慧。80 年代的报纸上有条报道，描绘了各种“螺蛳壳里做道场”。其中一则来自武康路，讲的是身居陋室的新郎如何巧用空间，自行设计了一套组合式家具，连行家看了都称奇。可见，再困顿的生活环境也没抹去上海人性格里的体面与乐趣，虽然那只是“没有办法的办法”。

2007 年，在广泛听取意见、达成共识的基础上，徐汇区启动了置换购房，武康路的部分居民率先签字。按协议，租住在此的居民搬离老房子，用置换款购置一套自主产权房。这样，老洋房有机会做个全身体检、全身修复，而居民有了真正属于自己的宽敞的家。

“整治武康路不是为了修个门面，修房子还是为了让里面的人住得更舒服。”当时的工作人员如是说。如今重访40弄、106弄、280弄，污水、泥泞、一到夏天就拉闸，统统是前尘往事。通过房屋修缮、街道整治、小区自治等举措，武康路不仅门面上满是优秀的历史文化建筑，此间居民也享受到了现代化的设施、合理的空间。他们看得到历史与回忆，也得到物质生活的满足。

天气适宜的时候路过那里，时不时会有老夫妇挽着手臂出来散步，喁喁私语。那画面带着老电影的温暖，细丝般抚慰人心，白月光一般皎洁无瑕。

奔腾或静谧：

在酝酿过第一辆桑塔纳的地方，她渐渐开阔，宠辱不惊

有人说武康路是静谧的。早先郑振铎写过：“四周围都是蔬圃，时时可见农人们翻土、下肥、播种；种的是麦子、珍珠米、麻、棉、菠菜、卷心菜以及花生等。”春有柳絮，雨季听蛙鸣，早起时遇见鸟儿，推开窗扑进眼底都是绿色。

但也有人觉得，她其实自有一种奔腾。20世纪80年代，货物流通不比现在，上海市民想吃点安徽当季的花生或瓜子，非想象中那般容易。托亲朋带过来是种办法，若嘴馋着急，武康路上藏着烟糖公司门市部，能解近渴。那时候，这间铺子里进的都是时兴货、紧俏货，而顾客都是“懂经”的。

与此同时，就在不远处的武康路390号，一个影响深远的决策正在酝酿中。该地址是上海汽车公司集团所在，集团高层们准备与德国大众合资生产轿车，但拿捏不定主意。后来，研究报告一直送到了邓小平案头，改革开放总设计师批道：“可以搞。不但轿车可以搞，载重车也可以搞。”1983年4月，第一辆上海组装的桑塔纳轿车正式下线，注册地就是武康路390号。

进入 21 世纪，武康路近安福路口的咖啡馆成了话剧爱好者们的集散地。2010 年开始，位于 376 号的武康庭逐渐汇聚人气，许多创意先锋在此集结。游客用餐之余，还能遇见心仪的画展，挑几身设计师服装。文创成了这条历史文化名街的又一块金字招牌。前几年，网红店也闻风而动。周末午后，排队买冰淇淋和喝咖啡的队伍偶尔能交汇。

看似静谧的武康路从来都走在潮头。但在 2017 年却发生了两桩事：有的网红店走了；而武康大楼底层古风禅韵的大隐书局里引进了许多非遗课程。最近的时节，网红店更新迭代得快，书店里的灯倒是暖暖地亮着。

如果武康路会说话，她也许会直白地告诉人们：岁月淘洗，唯有真、善、美才能持久。

如果武康路会说话，她会愿意引用巴金简单朴素的主张："爱真理，忠实地生活，这是至上的生活态度。"

真正的平静，不是避开车马喧嚣，而是心远地自偏。真正的静谧，是如武康路这样，饱经世故，却能在岁月流转里渐渐开阔，宠辱不惊。

相关链接

武康路上的独特风景

独特的老洋房：武康大楼

淮海中路与武康路相汇之处，有栋建筑令人一眼难忘——武康大楼。它像是一艘华丽又斑驳的巨轮，泊在上海颇有风情的街角，永不

远航，静看流年。

大楼始建于 1924 年，由匈牙利籍设计师邬达克操刀设计。行走在古典和现代建筑式样之间游刃有余的邬达克，延续了他一贯的折衷主义风格。在这块不规则的三角形地带，不仅把土地利用率发挥得淋漓尽致，还通过独特的骑楼、转角挑出的阳台、三角形古典山花窗楣等设计，演绎出浓郁的法国文艺复兴风情。这是天才设计师留给上海的第五件作品，也是上海最早的外廊式公寓建筑。而当时，设计师才 27 岁。

公寓最初的名字叫“东美特”，一战结束后，它被改名为“诺曼底公寓”。1953 年，上海市人民政府接管，并将其更名为武康大楼。

从大楼诞生那天起，入住此间的名流不胜枚举，尤以上海各年代的电影界人士为多。吴茵、王人美、郑君里、阳华、应云卫、孟君谋、高博、孙道临、王文娟、秦怡等，都曾在此安家。如今的住客中，有打小就住在楼里的老上海人，也有慕名新搬来体验老房子风味的新上海人和外国人。

至于底层商铺，更是随时代发展衍生出不同的形态，琳琅满目，生生不息。待周边城市架空线全部藏入地下，置身楼前，动感的都市亦将多几分沉静。

别有洞天的时尚地：武康庭

位于武康路 374 号和 376 号，一个容易叫人错过的地方。武康庭窝在绿荫婆娑的里弄里，走进大门，绕过一幢法式的红砖老楼才能瞧见里面别有洞天。

武康庭从 2007 年起渐成气候，中国 2010 年上海世博会期间，此地定点接待游客。十多年发展至今，武康庭里聚集了获奖餐厅、画廊、花店、设计师店、买手店、葡萄酒店等，被称为“小欧洲”。而一批文化创意、艺术设计、建筑设计、广告传媒类创意企业的入驻，以及各式风格独特的雕塑艺术品与周围攀爬的常春藤相互应和，让武康庭成为上海文创园区的一张名牌。

庭院内新旧生活重叠，中西文化交织。女生爱在这里街拍，文艺青年喜欢来这里逛画廊，还有时尚先锋到买手店里淘好物。人们流连此处，好像透过浓密梧桐的夏日晚霞，能带给你一切浪漫的想象。

新晋网红店：%Arabica

武康路上的网红店来来往往。新晋的人气店名为“%Arabica”，位于武康庭内。一大面绿植墙上挂着简单的符号“%”，拿着同款纸杯在此“打卡”。拍照、发朋友圈，几乎是所有顾客的规定动作。

店名中的“%”代表了咖啡树枝上悬挂的两颗圆圆的果实，“Arabica”则是阿拉比卡的意思，这里使用和出售的豆子全是阿拉比卡豆。作为一家起源于香港，又从京都火遍全球的品牌咖啡馆，武康路上的新店是全球第15家。店内设计极简，与品牌推崇的“至简的生活”相一致。无论是定制咖啡机、纸杯，还是一般会被忽视的奶球、糖包、纸巾，无不是原木色与白色，无一不带着“%”符号。

对了，这家咖啡馆只卖咖啡。

Fu zhou Rd.

福州路

W E

文化杠杆激活传统书业与中华老字号

福州路位于黄浦区，东起中山东一路，西迄西藏中路

16:00

下午4点，是逛福州路最好的时候。沿街云集的大大小小实体书店、文房四宝商铺，构筑出书墨香萦绕的城市书房群落。等到了吃饭的时候，随便拐进一家，就是中华老字号。这里全方位地满足着你的味蕾，也丰富着你的头脑和心灵。

往东漫步迎上开阔的外滩，走到西边是车水马龙的人民广场——全长近 1500 米的福州路，坐拥上海城市中心的优越地理位置。喧嚣市声的背后，浸润着浓墨重彩的历史底蕴。

遥想百年间，笔墨笺扇、报馆书局相继创设；戏园茶楼、中西菜馆竞相峥嵘；洋行药铺、百货烟号热闹繁荣……一身老派名媛风情的福州路，如今以“文化杠杆”效应为马路注入活力，令传统书业、百年餐饮品牌在当下频焕新生机。且看沿街云集的大大小小实体书店、文房四宝商铺，构筑出书墨香萦绕的城市书房群落，其中不乏沪上第一家超大型零售书店上海书城、申城最早经销典籍类图书的上海古籍书店、拥有上海最大规模日本原版动漫图书及周边的外文书店；家喻户晓的“中华老字号”美食品牌星罗棋布，168 岁的杏花楼、275 岁的王宝和、114 岁的老半斋、157 岁的老正兴，屡屡以“网红”月饼、青团、糟货引爆上海滩排队奇景，安抚了许多挑剔的舌尖和肠胃，令人生出对一座城最温暖踏实的眷念……

如果说日常美好点滴离不开头脑的充实和味蕾的享受，福州路在多年积累升级中，正不断满足着人们对物质和精神双重食粮的旺盛需求，品质生活的 AB 面在此尽情绽放。

实体书店“城市书房”群落效应凸显，多元圈层读者都能觅得心头好

东起中山东一路，西迄西藏中路，因是上海开埠通向黄浦江的四条土路之一，福州路旧时被称作“四马路”，从 20 世纪初起，福州路中段就有“中华文化第一街”之称。毫不夸张地说，福州路是上海乃至中国近代文化出版业的前沿阵地，曾拥有大小书肆 300 余家，多家书局鳞次栉比；中华、大东、世界、传薪、开

明、商务等大型书局、书店先后开设，往来鸿儒不断，文人墨客济济一堂；周虎臣、周兆昌、曹素功、胡开文等笔墨庄纷纷迁入，文房雅韵流芳。

套用今天的流行词，福州路就是全国文艺青年蜂拥而至的“打卡”地标。岁月镜头推至 1933 年 7 月，初出茅庐的文学青年徐迟从北平南下上海，海派名家、资深编辑施蛰存二话不说，带着他直奔福州路：先去中华书局和商务印书馆淘书，然后一路徜徉各色书店“挖宝”，接着逛到沿街茶楼喝下午茶——这是当时许多文人到福州路踩点的经典路线。

当天在商务印书馆外文书店，徐迟买到了渴望已久的美国诗人维琪·林德赛诗选集，其中一首 150 行长诗《圣达飞之旅程》令徐迟激动不已。后来他翻译的这首长诗发表在《现代》杂志，自此开启了翻译生涯。14 年后，同样在福州路上的汉弥尔顿大厦，徐迟获知他被选定为美国丛书《瓦尔登湖》卷译者，这也成了他最负盛名的译著。

其实，远不止外国经典译著，福州路也成功培育孵化了本土原创文学。比如，光是福州路 280 号，一家看似不起眼的开明书店旧址，一代文学泰斗茅盾、巴金的成名作《子夜》和《家》就问世于此。

多年来福州路一带书店开开关关，但文化的基因一直没断过，最终沉淀下来的实体书店都不忘“自我进化”。你很难在上海找到第二条书店密度如此之高的马路了——前后步行几百米，上海书城、上海古籍书店、艺术书坊、外文书店、百新书局比邻一字排开，一网打尽综合型与个性化主题书店，更不消说路两边林立的多家特价书店、文化用品商店等。在互联网购书如此便捷的当下，福州路文化圈交织而成的城市书房群落，以多样化的阅读复合服务，吸引着四面八方的读者前来享受读书交流之乐。

迈出创新的步伐，考验着许多品牌书店的魄力与耐心。许多老上海人都还记忆犹新，1998 年 12 月 30 日上海书城福州路店开业，风

头一时无两——营业面积超 1 万平方米、大手笔的 7 层零售空间，人山人海绕着福州路、湖北路、浙江路、广东路排队，哪怕开张初期要花三元钱买进场票，读者仍争先恐后探店尝鲜。被列为上海市人民政府 1998 年实事工程的上海书城，成了市民心中不折不扣“世纪之交的礼物”。这里承载了上海“80 后”的童年记忆——开学前夕来买教辅补习书，周末盘坐书架下“哗啦啦”翻中外名著、连环画，过道常挤满人，几个收银台排着队结账；稚嫩的小手捧了一大摞书，迫不及待埋头闻一闻墨香，有时买很多书提着马甲袋挤公交，回家后发现，手掌都勒出了印子，心头却是满满的收获感。

如今，光是“高大全”已不足以释放阅读的立体魅力。上海书城精耕细作不同圈层读者的个性化需求，从空间布局、消费体验下功夫，单独辟出六楼玛德琳绘本馆打造新型亲子阅读空间，中外绘本分享会、教育话题沙龙密集亮相，许多家长每个周末必带孩子来“打卡”。一楼的大厅，定期举办“全国新书发布厅”“上海·故事读书会”

等品牌活动，广邀知名作家学者解读书中的山高水长和柴米油盐。上海书城变身独具海派风情的城市文化会客厅，磁场效应吸引读者争相赴书香之约。

福州路成就了一代代读书人的书香记忆底色，也见证着无数上海人的精神生活。早在 1982 年，上海就诞生了全国第一家专业艺术书店，“人无我有，人有我特，人特我专”的开拓进取精神引领全国。1981 年、1986 年的上海书市，1990 年第三届全国书市的成功举办，都离不开沪上专业书店的实力。没有专业书店群落的培育储备，当年的书市想要举办成功，也是有难度的。这也为福州路带来启示，在网络购书种类极其丰富、找书不再困难的今天，“专精特”书店反而拥有着广阔的市场沃土。于是，专业细分领域的一家家“知识供应商”应运而生。

先看一栋古典外墙搭配红砖绿叶的建筑——外文书店。除了傲视群雄的海量原版书，书店三年前将四楼日文部装修一新，更名为“松坂书屋”，主打日本动画、游戏类书籍与周边、日本时尚潮流杂志等。在松坂书屋，常能看到十几岁高中生大排长龙抢购，自提预定的杂志、漫画书等。动漫人设、红头发的异次元魔法少女“松坂瞳”，仿佛随时在向忠实读者眨巴着闪亮双眸，实体书店变身互动性十足的二次元体验空间。

隔壁是艺术书坊，盛夏钻进去，一下子摆脱了身后的暑气，被宁静雅致包围。这家店所属的上海图书公司打破了传统书店经营模式，店里既有艺苑真赏社的海派风情，又融艺术创意、人文阅读、文化沙龙为一体，多场海上博雅论讲坛、主题讲座让书店成为传递温暖和美好的地方。

对面的上海古籍书店，则透着古典静雅，时间在这里如同放慢了脚步，读者的心也应和着传统典籍，变得虔诚沉稳了。楼上博古斋，以经营旧版线装古籍书、新文学读物、拓片、碑帖、珂罗版画册闻名，为古籍资深爱好者打造了文化乐土。再往东边走几步，百新文具馆 2016 年更名为百新书局，图书与文具、文创产品交错，呈主题形式陈列，洋气别致，是学生的最爱。

除了实体书店，福州路还汇集了大量文化用品商店，荣宝斋、西泠印社历史悠久，上海文化商厦更是以品种齐全、品质优异著称。2005 年福州路文化街就提出“文化购物消费、文化休闲娱乐、文化商务办公”功能定位。2006 年汇丰纸行从福州路 305 号迁至 280 号，引入“新文化概念”。后来中福古玩城揭幕，福州路又从单纯文化街迈向“文化旗舰街”，把海派文化推向了新高度。

徜徉福州路，除了醒目招牌，还有许多看上去不起眼的小书店、纸行、古旧书店、笔庄、琴行等，值得细细品味。它们如逆波而行的

小船，不惧图书市场风浪，以水磨般的脾性经营着书香事业。在不少书界人士看来，福州路的地段，很好地辐射了全上海客群，堪称书业“流量担当”。

老字号抽新枝研发“网红”爆款，以独创匠心造就魂牵梦绕的味觉地图

旧上海素有“吃在四马路”的说法。早些年，福州路上就聚集全国各大菜系菜馆、酒楼十余家，王宝和、大鸿运等著名餐馆都诞生于此。匠心树标杆、“网红”添活力，这些经久不衰的老字号美食，坚守传统工艺的同时也不忘创新用料，研发爆款，为上海餐饮文化留住根系。

比如百年老店“杏花楼”，三个字，从舌尖丝丝缕缕酥润到心头。

老一辈的上海人会拉住儿女追忆，当年结婚在杏花楼摆上几桌，绝对算是蛮体面的了。而每逢中秋佳节，黄拎袋便在沪上大街小巷流行起来，美丽嫦娥翩翩起舞，年复一年飞进千家万户。产品有口碑打底，但真正点燃消费激情的杀手锏还是推陈出新。几年前杏花楼研发出精致小巧的“椰皇流心月饼”。掰开后，雪白椰浆馅缓缓流出，混合淡淡奶香，如丝般柔滑的口感甜而不腻。还有许多人念念不忘的玫瑰细沙月饼，原料极为讲究，即使放几天豆沙都能保持湿润顺滑，个中诀窍尽在饼皮上——手工熬制糖浆，放置个把月后，等待柠檬酸转化完成，便可防止结晶沉淀在饼皮中影响口感。

许多网民都对2016年春季的咸蛋黄肉松青团记忆犹新，那抹咸鲜的口感，让不少美食博主不吝美好辞藻，铺陈唇齿间回荡的那抹最是家常的销魂。杏花楼的保安还记得，当年清明节前夕，从福州路门口经过福建中路一直排到广东路的队伍，多达300多人，几天内“网红青团”刷屏朋友圈。青团销量从每天三五百只，涨到最高峰时日销

5万只。短短一个月，这款青团销售量近千万。“青团里如果放整只蛋黄，口感太干，将蛋黄打碎效果更好；肉松也不简单，油酥型、肉粉型、太仓式等三种肉松多次尝试配比，才混搭出口感最好的方案。”杏花楼研发人员津津乐道的美食配方，谁说不直观体现了上海美食文化的工匠精神和品牌服务意识呢！

还有福州路浙江中路口的老半斋酒楼，早在20世纪30年代，这里就有了“淮扬第一家”美誉，漫长的岁月流转中，柳亚子、于右任、鲁迅、施蛰存等文化人都光顾过。鲜美干丝、红烧清蒸总相宜的狮子头、水晶肴肉、白汁鮰鱼等人气菜品，风靡上海滩。每年初春的一碗刀鱼汁面更是火了半个多世纪，往往引得近乎全城的饕餮食客出动，不畏排队纷纷尝鲜。到了夏季，福州路上最年长的老字号王宝和，就会推出令人垂涎欲滴的多款口味小龙虾，许多食客排队堂吃不过瘾，索性打包几盒带回家吮指品咂，酣畅淋漓。

各大菜系在上海的融合再发展，见证了上海海派文化海纳百川、兼容并蓄的丰厚积淀。这些餐饮老字号，是儿时的味道，舌尖上的乡愁，更是享受当下的鲜活日常。难怪人们聊起福州路，眼角眉梢总会绽放出喜悦笑意，这条马路便风情万种地活在人们的舌尖、胃里、心田……

相关链接

福州路上的海派味道

天蟾逸夫舞台：福州路701号

一座记载了上海京剧百年兴衰沧桑的剧场，是沪上历时最为长久、最具规模的戏剧演出场所。20 世纪三四十年代，南来北往戏班到上海，都以登上天蟾舞台为荣，京剧界流传“不进天蟾不成名”，天蟾舞台赢得“远东第一大剧场”美誉。除了演出京剧外，沪剧、越剧、昆曲、淮剧、滑稽戏、河北梆子、川剧、扬剧等地方戏曲也在这里演出。1989 年上海京剧院负责筹资，其中香港邵逸夫部分捐资，于 1990 年拆除原建筑，保留天蟾门面，重建新剧场，1994 年更名为天蟾京剧中心逸夫舞台。近 20 年，“星期天京剧日场”“青少年普及专场”“流派系列展演”“京剧擂台赛”等活动轮番上演，天蟾舞台不仅是上海戏曲演出中心，也是全国戏曲演出的主要场所。2018 年天蟾舞台启动改建以来最大规模修缮，全面提升音响、灯光、吊杆、空调通风设施，增加新技术设备，扩展剧场面积。戏迷们期待天蟾舞台的崭新回归。

上海世纪出版集团：福州路 465 号

作为经中宣部、原新闻出版署批准成立的全国第一家出版集团和首批全国文化体制改革试点单位之一，成立于 1999 年 2 月的上海世纪出版集团已走过 20 年，是集书刊出版、印刷印务、新型实体书店、艺术品经营四大业务板块于一体的综合性大型出版传媒集团，拥有 26 家直属单位，包括上海人民出版社、上海译文出版社、上海文艺出版社等 12 家出版单位。在“努力成为一代又一代中国人的文化脊梁”的使命感召下，世纪出版推出了有口皆碑的一批精品图书，为上海建设卓越的全球城市和国际文化大都市提供坚实的出版文化内容支撑。

百新书局：福州路 364 号

在老上海的出版业，百新书店相较于商务印书馆、中华书局也许不算有名，但提起他们的出版物——作家张恨水的小说《啼笑因缘》，很多人都会感到亲切。1912 年徐鹤龄在上海福州路创立“百新书店”，早期主要从事贩卖出租旧书，后来改为专营文具。1959 年公私合营成立“百新文化用品商店”，迁入现址，一度是上海最大的综合性文化用品商店，现已改制为民营企业。2016 年重新装修的百新文具馆，将图书再度引入店内，原有文具商品与图书有机融为一体，摆列陈设既美观时尚，又提升了文化品位，是手账控、潮人、年轻学子必去的福州路打卡地标。

Yuyuan Rd.

愚园路

W → E

弄堂穿啊穿，遇见远方遇见诗

愚园路经过静安、长宁两区，东起常德路，西至长宁路，全长 2775 米

17:00

黄昏时分的愚园路，夕阳的光影穿行在弄堂里，像电影里的场景。回家的人们如倦鸟归林，老房子升腾起人间烟火。而上海滩的故事，则渗入她的百年肌理，等着有缘人慢慢去发现。

愚园路 909 弄穿出来，差不多就是江苏路口。站一会儿，脚底下轰隆隆震动，地铁来了。

2000 年，轨道交通 2 号线通车，静安寺到中山公园段，一大半与愚园路同行。2010 年，不断生长的 2 号线一路串起了浦东和虹桥两大机场、四个航站楼、一座高铁站，全长 64 公里的它傲视国内“同行”。转眼 2016 年，就在这个路口，全路段贯通的 11 号线轻轻错身，向南去到迪士尼，往北跑进了江苏昆山，全长 82.4 公里，世界地铁单线长度排位第一。

愚园路上，远方只在须臾间。

即便不远行，老住户也会告诉你，全长 2.7 公里，横跨静安、长宁两区的愚园路，是花园弄堂博物馆。弄堂间穿行，会有电影里的一幕出现：忽而光影斑驳，抬眼，望见了大历史；不知哪家琴声叮咚，过路少年驻足，一颗种子悄然落下。

弄堂穿啊穿，就这样遇见远方遇见诗。

他们与我们：那些关于信仰的故事，沉淀成今天的红色文化

都说愚园路的弄堂在上海算得一绝，不仅多而密，关键“路路通”。从沪西别墅能穿到宏业花园，宏业花园深处是岐山村，而岐山村连着安定坊。左右通、前后通、路弄通、弄弄通，此处羊肠小巷走到底，便是旁家弄堂深深。迷宫样的布局，天然的隐蔽战场。

所以，2018 年刚好百岁的愚园路，从她未满 10 岁那会儿，就陆续迎来一批大梦想家。所以，当今天的人们不断深挖上海的红色家底时，才会由衷感恩我们的富饶：这座光荣之城，到处都有永恒信仰的故事闪闪发光。

翻开 2017 年编写的《昨天·今天——愚园路上的红色印迹》一书，《布尔塞维克》编辑部的往事清晰如昨。1927 年 10 月，苦于《向导》被停刊的共产党人潜入了亨昌里 418 号，即今日愚园路 1376 弄 34 号。他们决意新办一份中央机关杂志，由瞿秋白、罗亦农、邓中夏、王若飞、郑超麟等人组成编委会。彼时，中共中央宣传部的办公地也设立于此。在这个本是永安和先施两大百货公司建造的弄堂里，衣着体面的中高级职工们谁都没注意到，有一群人就在他们身边不舍昼夜地写稿、编辑。反动派们也万没想到，亨昌里的民宅竟是中国共

产党新的革命据点、重要的理论阵地；他们更不愿料到的是，那之后，还会有许多仁人志士为了民族命运，在历史不可逆的进程中来到了愚园路。

弄堂深深深几许。很难想象，若非30多年来一步步梳埋、保护，那在波诡云谲中不曾暴露的编辑部，能在今天成为红色之旅重要一站。1984年5月，《布尔塞维克》编辑部旧址被列为第三批市级文物保护单位；经四年多筹备，1988年10月24日，即杂志创刊纪念日，这幢小楼以长宁区革命文物陈列馆的新面貌对外开放。那天，弄堂里许多居民细细参观后方才恍然，小楼里原来藏着如斯光辉岁月。

无独有偶，江苏路口的永乐邨边门，掩在高大枇杷树后的中共中央上海局机关旧址，也是步履重重，才有机会被越来越多人铭记：80年代，市文物局陆续启动旧址的房屋置换工作；1992年，这里正式进入市级文保单位名录；2003年春天，方行之女方虹将20世纪50年代全家离开永乐邨时带走的家具悉数捐赠，楼内恢复了斗争岁月的陈设；2011年起，每年5月长宁文博宣传月，此地向市民免费开放

31 天；2016 年，经市文物局协调，中共一大会址纪念馆和市文物局文博处支援了大量珍贵历史文献和照片，以充实的展览内容为建党 95 周年献礼；2017 年，这里被江苏路街道党工委录入《昨天 · 今天——愚园路上的红色印迹》一书中。

修复原貌，旧址开放，丰富馆藏，集结出书，红色资源的深化挖掘不曾止歇，也不会有终点。仿佛一个宝藏开启，愈是行到深处，愈发引人入胜。

2017 年有一大半年时间，一批街道志愿者投入在“社区记忆——百位长者口述历史”的影像志采集工作里，红色典故是重中之重。居民听说后主动找上门，分享阅历。国际友人研究协会会长陈一心就带着路易 · 艾黎的故事慕名前来。“路易 · 艾黎一生没有结婚，收养了两个革命烈士的孩子。30 岁来到上海的他做的第一件事是到虹口消防做小队长。后来地下党发展他，在他的屋顶里建立了地下电台，当工农红军经过两万五千里长征到达陕北给上海拍电报时，上海顺利收

到了，路易·艾黎功不可没。此后，他还陆续掩护了多名共产党员。”口述里提到的地下电台就在愚园路1315弄4号——路易·艾黎故居。

同样，刘晓、刘长胜战斗过的痕迹，他们靠打麻将来掩护地下工作的轶事，也在后人年复一年的追索中被拂去尘埃，熠熠生辉。位于今天静安区内的愚园路81号刘长胜故居，二楼以上被辟为中共上海地下组织斗争史陈列馆。里面收了双筷子，其主人是被叛徒出卖而被捕的陆延年。他刻在筷子方寸间的绝笔，至今读来仍在吾辈心头翻江倒海："人生的过程便是斗争，你只能白了青年人的发；斗争的结晶便是经验，你哪能灰了青年人的心。”

这条路作证，一颗年轻的心会跨越时空照亮另一颗，直到我们内心无比辽阔。

快发展与慢生态：
解开文脉“封印”，城市更新定义了生活美学

愚园路也有梧桐作标配。阔叶一片片攀附在老洋房的身影上，百年不过一瞬。可到了落叶季，踩在武康路的金黄地面上，咔嚓咔嚓，秋日有私语。愚园路呢？却是有段周折。

2019年是上海命名64条永不拓宽道路的第13年。若回到2007年的愚园路，车水马龙、商居混杂，不说人文气蕴可开烦襟，就连“偶得悠闲境”，都只是弄堂深处专属。

故事在“迎世博”那年翻了篇。上海启动城市更新，狠抓市容环境。2014年开始的第二轮城市更新，本身也是理念的更新。愚园路邀来专业团队。设计师们把马路从头走到尾，发现她“深藏功与名”。文脉不见了，沿途视线内都是水果店、理发店、小吃店，跟所有老旧街区一样平淡无奇。马路“荡”完，思路成型——要揭开附着在百年文脉之上的“封印”，要让曾经的名流集散地再度优雅起来。

改变从“去噪点”开始。街边，围墙打破、绿化重构，公共空间拾掇得有爱有趣。比如创邑国际园门前，企业主动拆了围墙，原先380平方米的内部停车场被改为耐踩踏的草坪，成为草坪音乐节的一方舞台。弄堂口，各家“一弄一方案”，有的完善健身设施，有的重构出入动线。弄堂里，老洋房内部环境改造，小而精的城市更新投射进更多居民的日常。

“噪点”被抹去，弄堂口新添的二维码凸显出来。有了它们，过路人仿佛手握秘钥，朝着历史长驱直入。2015年，“老弄堂文化志愿者队伍”成立，老邻居们自告奋勇，钱学森故居、汪公馆、涌泉坊的故事在他们肚皮里一清二楚。2016年，“愚园路历史名人墙”晋升为社区“网红点”，无论静安区路段上的名人旧居，还是长宁区辖内的，康有为、蔡元培、钱学森、茅盾、傅雷、施蛰存、顾圣婴、沈钧儒、白杨、祝希娟、万籁鸣兄弟、茹志鹃母女……都能在此按图索骥。2017年，愚园路历史风貌区阅读点在江苏路地铁站旁揭牌，社区老洋房地图册、红色巡游地图册、《愚园路上》《弄堂深深深几许》《那时那屋那人》等书刊画册，都是街区“文脉复兴”工程的阶段成果。同一时间，“慢生态”店铺丰富了愚园路的艺术涂层。专工限量版图书的独立书店，只卖小众货的买手店，可看展也可体验的玻璃艺术馆，当然还有飘着香气的咖啡馆。因为它们，人们可以把艺术植入时间。因为它们，愚园路更添凝固时光的魔法。

也许是文化遗产仍在有形无形地塑造社区里的每一个人，也许是过路的人在慢生态引导下，不自觉会低语漫步。当一条路变得“腹有诗书气自华”，这就难怪，2017年的城市空间艺术季会相中这里。一个个充满趣味的装置、奇思妙想的搭配被设计师巧手带到愚园路，从电话亭改造到幼儿园门前的涂鸦，从停车线装饰到垃圾桶的变身，看似微小的变化，却真正贯通了商业模式、艺术设计与市民生活需求的不同次元。

愚园路转型了。有这样的街区生态，万水千山都会入梦来。

近现代史与市民社会样本：

时间看得见，城市精神是这样一天天加深了底色

上海一家微信公众号曾办过一次“市民投票”，要选出大家心目中最能代表上海的十条马路。愚园路列在其一。她呼声极高的理由能用《愚园路上》作者徐锦江的话来概括：一条从未易名的路，一条上海滩的传奇之路，一条上海市民社会的样本之路，一条端倪城市变迁的阅读之路，一条见证近现代史的风雨之路。

“见证近现代史”与“市民社会样本”尤为传神。例证前者太容

易了，举凡愚园路上的“大咖”名号，就见一斑。而要详证“市民社会样本”一说，有老住户提醒：“人生的重要阶段几乎都可以在一条马路上完成，这很少”。愚园路上，从幼儿园、小学、中学，到医院、邮局、商场、剧院、少年宫、图书馆、消防队，几乎应有尽有。

老报纸还会提醒后人，这条路上，大事件与个体的诉说不断交织。上海怎样变，小小的愚园路就会闻风而动；愚园路上发生过哪些事，很可能放诸上海地方史也值得一书：

1979 年改革开放第一缕春风拂过时，愚园西菜馆是上海第一家开在生活区的西餐馆。

1981 年，四明服装社在弄堂里挂牌，闯出一条待业青年创业的新路子。

1983 年，祝希娟离开从小生活的愚园路去往深圳，在一片滩涂上夜以继日地筹划着什么。一年后，由她担任台长的深圳电视台取代香港无线电视台正式向当地观众呼号。

1984 年，孙海平担任上海体育运动技术学院教练。从小在愚园路上生活的经历，很难说是否影响了他的带教理念。儿时的他与育才中学的老师为邻，爱读书的他把邻居家当作私人图书馆，一有空就钻在书堆里，乐此不疲。后面的故事人尽皆知，他与刘翔联手书写了中国田径史上光芒四射的一页，他不同于传统教练的形象与理念亦为人称道。

1987 年，愚园路上的上海宽紧带厂在国内几大国际展览会上观摩研究，成功实现了“不出国门考察也能引进设备”。四年后，该厂研发成功宽紧带沙发，改变了沙发离不开钢丝弹簧的历史。

2002 年，上海中小学对外教育敞开大门，71 所接纳“小老外”的学校里，愚园路一小是其中之一。

2005 年，香港人胡虹翔从工商静安分局企业注册官手中接过个体工商户营业执照。这张营业执照因其“001”号而显得不同寻常，这

是上海第一次向香港居民开放个体经营。

……

愚园路如果有记忆，渗在她肌理中的故事未必能挨个数清。

惟一点可以确证——“海纳百川，追求卓越，开明睿智，大气谦和”的上海城市精神，是在时间里一天天加深了底色。

相关链接

了解愚园路，最好的方式就是“荡马路”

愚园路的门牌号可以数到 1600 多，几乎每一号都是故事的起点。了解她，最好的方式就是“荡马路”，而我们只能取一瓢饮。

刘长胜故居：愚园路 81 号

1946 年至 1949 年，中共上海地下组织领导人、中共上海局副书记刘长胜居住在此。小楼因而成为当年中共中央上海局和中共上海市委的秘密机关之一，上海局书记刘晓常到这里和刘长胜讨论开会。刘长胜家在二楼，当时地下市委书记张承宗住三楼，而同楼的还有一个国民党特务。每次，地下党在刘长胜家中联络，他家妻儿都在屋外放哨，一发现动静，便将麻将搓得哗哗响。时间一久，周围人都以为这位矮胖的老板爱搓麻将，虽人来客往，却从未引起怀疑。以至于上海解放后，报上刊出上海市委领导刘长胜的名字，邻居老太惊呼："伊难道是阿拉格麻将搭子'刘胖'？"

也不要说这些邻居了，当时在附近的市西中学担任党支部书记的顾和也从来不知道，自己的上级、上海局的副书记居然就在距离自己学校几百米远的眼皮底下，81 号的保密工作做得怎样可想而知。

愚园路历史名人墙：愚园路 1065 号

顾名思义，愚园路上承载多少名人记忆，这里就是本目录册。一度，愚园路的名人墙只有单调的名人照片和生平简介。在经历了城市更新后，它变成一座"上海微型城市记忆博物馆"。复古电话挂在墙上，拿起听筒便可听到老上海的卖报声、公园里的合唱声、叮叮当当的电车铃声……这些都是属于这座城市的声音记忆。

长宁区少年宫：愚园路 1136 弄 31 号

愚园路上最漂亮的建筑就数 1136 弄内的王伯群别墅。透过西边镂空的围墙，人们可以看到一座梦幻城堡般的花园别墅，蹦蹦跳跳的孩子们从这里进出。这就是长宁区少年宫，也是经典电视剧《围城》的重要拍摄地——苏文纨小姐的府上。不少老上海都知道它是汉奸汪精卫投靠日本人后在上海的“行宫”，于是理所当然将它称作“汪公馆”。其实，“汪公馆”原本应该叫“王公馆”，它是抗战前国民政府交通部长兼上海大夏大学校长王伯群的住宅，当初王伯群为了向校花保志宁求婚，建此别墅。“旧时王谢堂前燕，飞入寻常百姓家。”愚园路上许多漂亮洋房，后来都从私邸变为民宅或是校舍，最出名的便是少年宫。

Nanjing Rd.

南京路

W → E

见证上海商业文化的风起云涌

南京路东起中山东一路，西迄延安西路，横跨静安、黄浦两区，全长5500米

18:00

晚上6点，夜幕下的南京路，进入了一天之中最热闹的时段。一面是现代摩登，一面是老上海风情，作为上海开埠后最早建立的一条商业街，无数传奇在这里上演。

在这条马路上，繁华永不落幕，行人永不疲倦

南京路以西藏中路为中界，西面是南京西路，东面是南京东路。当年的十里洋场，虽然都是商业街，但到如今已经发展出不同的定位和特征。一位上海作家曾经如此描述过：南京西路比较突出的是商务特征，南京东路则呈现出典型的旅行观光地的特征。被誉为“中华商业第一街”的南京东路，曾经是中国最早出现煤气路灯、自来水、电灯、道路排水工程、有轨电车线路、公共菜场、摩天大楼等的马路之一，也是上海第一批百货公司先施（今时装公司大楼）、永安（今永安百货）、新新（今食品一店）、大新（今第一百货）崛起的地方，可以说上海大型零售业的起点就在这里。改革开放 40 年间，南京东路喧嚣的人流与夺目的霓虹灯宣示了上海繁华的永不落幕。而最能集中体现改革开放 40 年来南京东路发展变化的，是南京路步行街。

在这条繁华永不落幕、行人永不疲倦的马路上，能看到老上海的商业历史文化与改革开放的时代特征之间的有机结合。

第一次来到南京路步行街的人，很容易被眼前壮观的人潮人海惊到，一眼望去满满的到处都是人，然后走了 10 分钟后眼前仍然有这么多人，让人不禁想到如果从天空中往下看，地上密密麻麻的人潮涌动的场景一定很壮观。无论节假日还是工作日，每天都有来自世界各地的人们到这里，闲步游览与购物后又奔向另一个目的地。

按理来说，人多拥挤的道路难免让人烦躁，但南京路步行街不同，人们是带着喜庆与赞叹来到这条马路上的。游人走走停停看看，即使不进商场购物，身处开心的游客人群中，不自觉地也跟着欢乐起来。

一方面是路上人太多，走不快；另一方面，走在南京路步行街

上，脑海里仿佛就有一个声音在告诉你：走慢点，多看看——哪怕这条路对很多上海人来说已经走了很多个来回了。南京路步行街很宽，两边的楼层在今天来看已经不算高了，因此行人稍一仰头就能看到大片天空。马路两边的建筑高低起伏、错落有致，再加上林立的招牌，让人有梦回老上海的错觉。当年，就是随着先施公司、永安公司、新新公司和大新公司这四大公司陆续开张，近代上海的大商业由此拉开序幕。发展至今，南京路步行街已经汇聚了恒基名人广场、宏伊国际广场、悦荟广场、置地广场、永安百货、时装商店、第一百货、东方商厦南东店、百联世茂国际广场等百货及购物中心商业项目。

仔细观察的话，会发现南京路步行街采用的是不对称设计，肌理、颜色不同的人行道板将街道划分为流动区和驻留区。流动区内，摩肩接踵的游客汇成两股巨大的人潮，悠闲而井然有序地交错通过；驻留区内，走累的游客可以在休息区小坐片刻，还有充足完备的服务设施，以及街头小景、雕塑小品、休闲设施等。

南京路步行街上，每隔 200 米左右就有一个十字路口，如果说马路两旁的建筑让人感觉到包围的话，这些十字路口就如同放松压力的出口，整条南京路步行街呈现出一收一放、一张一合的节奏感，让人感到放松与安心。

世界级的都市需要世界级的商业步行街

回首 40 年前，南京东路随着改革开放的大潮开始悸动，从 20 世纪 90 年代初期开始，一大批新型的综合性商业大楼出现在南京东路，如早期的“大庆”“协大祥”等中型商厦，后来又有“新世界城”“置地广场”“一百新楼”等大型购物中心。此外，对部分历史建筑还采取置换利用的办法。

尽管新增加了许多当时非常先进的商业购物大楼，但人们也愈发认识到南京东路存在的短板。当时的南京东路上，商业规模其实已经无法满足消费者需求，表现为商店单线、单层居多，导致四大商店一带人流高度集中；而店堂内空间小，造成消费者过分拥挤，购物体验不佳。此外，店堂内的拥挤也蔓延到街道上。再加上南京东路上公交、货运车辆混杂，交通情况复杂，进一步加剧了南京东路上人多拥堵的现象。总体来说，南京东路上人多、车多、店多、招牌多，缺乏整体规划设计，这些成为制约南京东路进一步发展的障碍。而缺乏休闲娱乐等配套设施，以及可供选择的商品品种数量不充足，更缺乏海外大品牌的入驻，也使得南京东路的发展空间受到制约。

从 20 世纪 90 年代中期开始，南京东路旧区改造转向形态、功能开发并重的时期。1995 年 7 月，南京东路开始实施周末步行街，这成为当时上海城市的一道热闹的新风景线。据媒体报道，1996 年周末步行街平均客流达 129 万人次，最高客流达 170 万人次，最低也达 8 万人次。后来，步行街客流稳定在 80 万到 100 万人次。南京东路上不仅人多，满意度也很高，据上海商业职业学校 2000 年的一项街头抽样统计调查，对南京路步行街表示“非常成功”和“成功”的占 74.1%。

南京东路推出周末步行街的试行办法后，也对南京东路的规划以及基础建设提出更高的要求。商家们通过周末步行街的洗礼，发现自己没有能力承受如此巨大的人流。因此，政府、商家、市民三方都对南京东路改造的呼声越来越高。从 1998 年开始，对南京东路进行整体规划改造的工程展开了，1999 年末，步行街计划第一期工程完工了，南京东路从西藏中路到河南中路之间的路段，从“周末步行街”成为“全天候步行街”。2011 年 11 月，定位中高端的南京东路名人购物中心落成启用，大量国际知名品牌入驻。根据 2016 年统计数字，上海零售的税收贡献排在房地产和金融业之前，上海的零售市场在全球排名第三，仅次于伦敦和迪拜。这其中，以南京东路为龙头的上海

商业发挥了突出作用。

世界级的大都市都有一条世界级的商业步行街，比如巴黎的香榭丽舍大街，纽约的第五大道，伦敦的牛津街，东京都的新宿大街……而南京路步行街无疑当得起代表上海在国际舞台上的地标身份。为了更好打造南京路步行街，2016 年，黄浦区就已开始打造“上海国际消费城市示范区”，对南京路步行街上许多老品牌进行改造。在《全力打响“上海购物”品牌加快国际消费城市建设三年行动计划（2018—2020 年）》中，上海商务委专门提出了商业地标重塑专项行动，重点通过提升软硬件水平，重塑“中华商业第一街南京路”。

“后街经济”如何成就了“最贵商圈”

虽与南京东路同为上海的顶级商圈、购物天堂，但南京西路却呈现出截然不同的气质风貌。名人、

名宅、名居、名品汇聚在此，在繁荣兴旺的商业百态中，多了一份文化的韵味，添了一道时光的从容。

上海人都晓得，要买潮流尖货，放眼全城，南京西路必是首选之一。在这条马路上消费的都是时髦的男士和女郎，纵使时光荏苒，好像始终未曾改变。南京西路上的吃穿住行从来马虎不得，处处体现着精致与情调。这个商业格调被一路沿袭了下来，今天，南京西路仍为全市“最贵”商圈，来自全世界的时尚名品、潮流尖货依然会把南京西路作为它们的首发地，或许正是看到了这条马路与众不同的消费文化。

而与别处不同的是，南京西路的繁华与人气，离不开从它身上延伸开来的十多条支马路的“拱卫”——南阳路、江宁路、陕西北路、西康路、铜仁路、愚园路……这些支马路与南京西路紧紧靠在一起，分享着无与伦比的建筑风貌和历史资源，而那些美丽的、传奇的故事，也在它们之间来来回回地上演。

一面是现代摩登，一面是老上海风情，无数故事在这里上演

今天的南京西路精华段，一面是现代摩登的上海商城、恒隆广场、梅龙镇广场，而另一面则完整保留了老上海的时代风貌。穿过了马路，就像穿越了时光隧道。

张爱玲因为居住在常德公寓和重华新村，经常在南京西路一带逛街消费，早已经对这条马路的吃穿住行了如指掌。西比利亚皮货店和凯司令咖啡馆是当年的“网红”店，凯司令虽然只装着寥寥几个卡座，但它的栗子蛋糕、芝士鸡丝焗面和自制曲奇都堪称镇店之宝，深受饕客追捧，张爱玲和好友是凯司令的常客。而坐落在石门二路转角上的德义大楼，曾经也是奢侈品牌汇集地，其中“绿屋夫人”最为太太小姐所青睐，是当时沪上最好的高级女装店。

已故上海作家程乃珊曾说，所谓上海的弄堂生活，要分三个种类：传统石库门弄堂（包括新里）、高档公寓弄堂和花园洋房弄堂；而南京西路几乎囊括了上海弄堂的所有形制。她自己的童年就是在南京西路1173弄的花园公寓里度过的。这栋典型的英式风格建筑，是当时上海高档公寓弄堂的代表，绿化面积相当庞大，占了整条弄堂的三分之二，程乃珊在散文中这样写道，“花园公寓十分英国。许多初学英语者都不能理解英国人为何非要将二楼说成一楼（The First Floor），将三楼说成二楼（The Second Floor）……只要去花园公寓实地看一看你就明白了。”

和程乃珊一样，她的先生严尔纯对南京西路亦有着深刻的感情。在严尔纯的少年时代，经常与家人一起饭后消食，闲步至南京西路点上一杯咖啡。那时的南京西路一带转角就能遇到咖啡馆，西康路上有海燕咖啡馆、黄陂南路上有海鸥咖啡馆、铜仁路上有上海咖啡馆。上海咖啡馆用的咖啡壶叫作小壶咖啡，今天人们冲泡咖啡有很多种先进的方法，但当时用这种老式咖啡壶冲泡出来的咖啡也非常香醇可口。

可以说，南京西路上丰富的商业形态，为附近居民提供了富足且有品位的生活。在严尔纯的回忆中，现在锦沧文华大酒店的位置过去曾坐落着两家西餐馆，其中有一家德国餐馆名为“来喜饭店”，专供咸猪肘，很多食客经常光顾。还有一家名为“飞达”的糖果店，从这家店里选购的糖果盒，人们大多是不太舍得扔掉的，因为盒盖上的各类精巧名画，实在令人爱不释手。恒隆广场对面就是平安电影院，当时它是上海的“三轮”电影院，外国片子进来了，轮不到平安电影院先放，但依然客头很好，学生票才1角5分一张。还有专门做女装定制的高美服装店、西比利亚皮货店、福昌首饰行、启明文具店、泰昌食品店、富丽绸布店、梅龙镇酒家、大公医院等，生活所需应有尽有。

今天，南京西路沿街很多店铺的历史痕迹，只能通过老上海人的记忆翻查，但这条马路兴隆的商业气氛，以及为人们提供的有品质感的、幸福的生活，却延续到了当下，成为城市人文的一部分。

商务和消费仿佛天然的永动机，让文化和艺术的需求蓬勃而生

40多年来，南京西路逐渐成为融商务、购物、消费、文化和休闲娱乐于一体的顶级商圈。改革开放赋予一座城市的发展和变化，在繁华

的南京西路上留下了深刻的足迹。

位于南京西路1333号的上海展览中心，是一座金碧辉煌、宏伟瑰丽的俄罗斯巴洛克式古典建筑。在相当长的一段时间内，这幢建筑顶端的镏金五角星是城市的一个制高点。1984年，它被正式命名为上海展览中心，海内外重量级的文化艺术、生活、时尚类展出纷纷来此布展，而每年8月在此举办的上海书展，更是全城爱书人的盛会。其宏大的体量，独特的建筑风格，成熟的文化定位，成为南京西路西段文化与艺术的风向标。

20世纪90年代初，南京西路西康路路口矗立起由美国建筑大师约翰·波特曼设计的上海商城，这是上海第一幢外商投资的综合性建筑群，以追求空间含蓄来体现中西文化的交融，融中国古代艺术特征于现代风格之中。其中的上海商城剧院，以百老汇的马昆斯剧院为蓝本建设，自1990年开业以来有许多国内外高水准的演出在这里进行，南京西路的繁华成为一片不夜天。

今天，作为高端商务集聚区的南京西路，税收“亿元楼”就有67幢，商务人群超25万。而作为高端购物区的南京西路体量同样庞大：据统计，南京西路入驻知名品牌近2000个，国际品牌1100多个，其中世界名品的中国旗舰店有138家，亚洲旗舰店76家。从华山路到石门一路一带，久光百货、芮欧百货、晶品购物中心、嘉里中心、上海商城、恒隆广场、金鹰国际、中信泰富、梅龙镇广场……大体量的商业设施陆续拔地而起，把来自全世界的潮流时尚、高端消费品送到上海市民的跟前。2017年5月，兴业太古汇在南京西路东段开业，带

来 250 多个品牌签约入驻，南京西路的商业版图得到进一步优化，基本实现南京西路商圈东、中、西的平衡。

商务和消费仿佛形成了一个天然的永动机，源源不断地为这片区域创造财富和价值，也让文化和艺术的需求蓬勃而生。2009 年拉开帷幕的“静安现代戏剧谷”年度戏剧节品牌活动，以南京西路及其周边的剧场为核心，开始点亮市中心的文化生活。

每当夜幕降临，江宁路上的美琪大戏院、艺海剧院和浸没式戏剧剧场“麦金侬”落幕散场时，成群的观众迅速散入商业街的夜色中，浓郁的艺术气息久久不散。就在 2017 年，同样落户江宁路的中国上海国际艺术节组委会迎来了“丝绸之路国际艺术节联盟”成立的喜事，来自 32 个国家和地区的 124 个艺术节和艺术机构组成大家庭，有效地推动着“丝路”沿线国家和地区节目交流展演、委约创作、人才培养等各个方面的合作。南京西路与江宁路，这一“主”一“辅”

形成的区域，完美地承接并过渡了丰富的文化设施和商业资源，被很多人视为上海的下一个“百老汇”。

11 条后街有如蓬勃的支流，丰富着南京西路商圈的蓝图

岁月不居，时节如流，唯一不变的是那份繁华之心，以及拥抱新事物的无限激情。今天，这条繁华的商业街正进行着最新一轮的改造升级，《静安区南京西路后街经济战略规划》提出“做厚”11 条南京西路“后街经济”的愿景，也正是看到了这片由主马路与支马路共生共息的黄金商圈所无法割裂的商业气息和文化命脉。威海路、吴江路、愚园路、陕西北路……南京西路的 11 条后街，有如蓬勃的支流，源源不断地提供着发展的动力，丰富着南京西路商圈的蓝图，这条马路的明天翻开了新的篇章。

2016 年，全球领先的众创空间 WeWork 选址威海路，打造了中国旗舰店。位于威海路 696 号的这座有着 80 多年历史的建筑，成为创新和智力的孵化器。2017 年，知名咖啡品牌星巴克选址石门一路，开出了全球最大的一家星巴克咖啡烘焙工坊，讲述从一颗咖啡生豆到一杯香醇咖啡的故事，全新的消费新场景令人耳目一新。紧接着，位于陕西北路 186 号的荣氏老宅，经过世界著名奢侈品牌普拉达 6 年的改造，重新面向公众开放……全球一线品牌纷纷把首发地选在了上海，选在了南京西路，最前沿的创新创意公司也乐于来此筑巢，寻找新的发展机遇。

泰兴路和茂名北路上，先后落地的“丰盛里”和“张园 99”成为时尚新地标，在这里，不仅随处可见国际范儿的美食，还有丰富的弄堂和石库门建筑景观。吴江路则是老饕们的天堂，可吃到生煎包、粢

饭糕等典型上海小吃，还能在无人零售店、网红店、品牌快闪店内体验一番。而在藏匿于“梅泰恒”背后的奉贤路和南阳路，各种个性定制店、潮牌设计师店、中古店让潮人们能找到独属于自己的气质。威海路汇集了 WeWork、七立方等创新载体，同时还拥有上海报业集团、上海电视台等传媒人才和资源。拥有静安体育馆以及体育酒吧的西康路，是爱运动的白领和居民的好去处。铜仁路无疑是静安艺术气息最浓厚的一条街，北段拥有史量才故居、绿房子等历史风貌建筑，南端则拥有大型画廊；愚园路则是一条属于生活的街道，各种插花、刺绣、陶艺、手工 DIY 等生活体验馆，以及私人图书馆、电影院、猫咪咖啡等，让生活的节奏慢下来……

南京西路正向世界级地标性商街靠拢。居住在这座城市的人都知道，美好的马路、街道和城市带来美好的生活，纵使时光荏苒，一直不曾改变。

相关链接

南京东路上的老字号

朵云轩：南京东路 422 号

朵云轩是中国收购、经销、出版、收藏书画及其他艺术品的机构，1900 年开设于上海。朵云轩经营上注重与国内尤其是南方书画、篆刻家的联系，经常举办作品展览和学术活动。

张小泉：南京东路 490 号

张小泉剪刀是中国手工业的传统名牌，已有三百多年历史，虽创始于杭州，在上海也是赫赫有名，上海总店就在南京东路。

据上海档案馆资料记载，1950 年，上海数十家张小泉剪刀商店签订同牌同记联名具结书。内容主要是："张小泉牌号沿用已久，难以更改，共同使用，加记号以为识别，永无争议。" 1956 年公私合营，"张小泉协记""张小泉鸿记" 等合并成上海 "张小泉"。1956 年上海 "张小泉" 开始使用张小泉企业名称（即字号），1987 年获得 "泉字牌" 商标，1993 年 10 月被国内贸易部授予 "中华老字号"。

真老大房：南京东路 536 号

1842 年，上海老城厢董家渡有一间茶食店，名为 "陈大房"。到 1902 年，陈奎甫盘进此店，改名为 "老大房"，后来搬迁到南京路福建路口，由于其经营有特色，名声也越来越响。

这里的鲜肉月饼最经典，人气超旺，还有一些土特产也颇多人喜欢，每次路过都看到店内人头攒动，尤其受老人欢迎。

沈大成：南京东路 636 号

沈大成创建于 1875 年，至今已有 143 年历史，总店就位于南京东路 636 号。

由于沈大成注重选料，讲究制作精细，发扬传统，立意创新，因而一举成名。沈大成的寿桃、寿糕、桂花条头糕、双酿团、青团等品种享有盛名，还有蟹粉小笼、馄饨、各式二面黄及宴席点心，均风味独特，口碑甚佳，因而早在 20 世纪 30 年代就享誉海内外。沈大成集小吃风味之大成，研究推出带有浓郁上海风味的醉虾、醉蟹和香糟系列，这些风味菜深得广大消费者欢迎，已成为沈大成的特色菜之一。

Yan an Rd. 延安路

W E

一桥飞架东西，大道通衢

延安路东起中山东一路与中山东二路衔接处，西至外环线，与沪青平公路相接

19:00

入夜以后，站在浦西的高点，能看到延安路高架上的行车密匝，车灯汇成一条河，蜿蜒着穿过城市。

入夜以后，站在浦西的高点，能看到延安路高架上的行车密匝，车灯汇成一条河，蜿蜒着穿过城市。这条成为上海交通大动脉的道路，原本还真是老城北门外的小河——上海开埠前，这是黄浦江的支流洋泾浜，随着城市扩容，它被填平，沿路兴建起人口密集的居民区。有着这样一段“前世”，仿佛注定延安路是一条与“民生”息息相关的马路。

虽然这条大路沿线分布着上海博物馆、上海展览中心、上海音乐厅、中共二大会址、中福会少年宫和各类名人故居，但很少有外来客把“延安路”当作景观，它似乎只是一条深夜仍行车繁忙的交通要道。然而在过去的40年里，实实在在改善了上海人“交通难、住房难、绿化难”的重要规划——延安高架建造、延中绿地设计、市中心老城厢改造、公交线路调整与中运量的建成……都发生在延安路上，它不仅是一条连接城市东西两头的通衢，更成了人间戏剧的舞台，是宏大叙事和市井悲喜的交响。

这是一条什么样的马路呀，上海的记忆和憧憬都被嵌进一路街巷的角落里，就像秘密被藏在手心的纹路里。

71路中运量公交车从延安东路外滩出发，沿着延安路一路向西，驶向西郊的虹桥机场，走完全程用时在一小时左右。而在20世纪80年代的上海，仅从延安东路外滩到西藏路口的大世界，这段不到两公里的路程行车至少一小时。

见过凌晨5点的延安东路外滩吗？天光未晓，江面晨雾浮悬，江边的路灯仍亮着，偶有早班轮渡的鸣笛打破四面八方的寂静。到了5点半，71路中运量的头班车驶离延安东路外滩，沿着尚未车流滚滚的延安路一路向西，终点站是虹桥机场附近的交通枢纽中心。在早高峰到来前，71路走完全程，用时不过一小时。

这要在1980年代初的上海，“公交车一个钟头从外滩到机场”，会被认为是天方夜谭。

1982 年，上海建成第一座人行立交桥，地点在延安东路外滩。当时，从延安东路路口过人行天桥去轮渡站的每小时人流量，超过 1.5 万。与繁忙的人来人往所不相称的，是路面交通的严重梗阻。从外滩到西藏路口的大世界，行程 1.5 公里，在 80 年代，这段路行车起码一个小时。

当年的上海有“三难”：行车难，住房难，环境难。“行车难”排在头一个，原城市规划管理局局长的回忆里：80 年代的市中心交通拥堵到什么程度？一个十字路口，三次红绿灯都过不了车。行车之难，难到上海“大门”难进——当年出名的段子：派车把外宾送到虹桥机场，对方落地香港转机，电话打到上海以示感谢，结果送机的人驱车沿着延安路，还没回到外滩。在上海地面走 14 公里，比飞机飞 1400 公里用时还长。

20 世纪 90 年代初，上海的交通改造规划确立了南北高架、延安高架和内环高架组成一个“申”字形的立体交通网。1995 年 11 月 28 日，距离南北高架全线通车前 12 天，延安路高架西段开建。延安路高架建设总指挥说：“西段最先动工，是因为远在虹桥地区，相对影响小。”到了 1996 年开年，连接虹桥机场和外滩的 18 公里延安路高架工程，被定为那一年的市政一号工程。

1996 年 7 月 1 日，当时的市领导集体视察市政工程进度，据原上海市政工程管理局局长回忆，领导们在视察工地的面包车上开了个办公会，讨论延安路高架东段建设的细节。延安东路到外滩沿线涉及景观问题，大家关心建高架会不会破坏外滩景观，讨论要怎样保护从延安东路路口到外白渡桥苏州河旁的这一带“万国建筑博览”。就在这次面包车上的办公会上拍板，延安路高架东段上马建设——从西藏路大世界到外滩的不到两公里路面，车辆集中，高楼密集，施工困难，所以必须快建，决定首次采用全封闭方式施工。

在延东高架之后启动的延中高架，是上海第一个向全国公开招标确定设计方案的重大市政工程，最后通过的方案在设计中把行人过街设施、公交集散设施、绿化景观配套、与周围著名建筑物的协调等问题和高架一起通盘考虑。比如，高架通过上海展览中心附近时，注意与建筑的俄罗斯风格相协调，改方形外立柱为圆形。因此延中高架被认为是上海市规划设计最为合理的一条高架。

都说南北高架造得艰难，因为成都路沿线居民众多，是从人堆里“开”出了一条路。延安路高架何尝不是同样。这里原没有路，东段是黄浦江的支流洋泾浜，西段是北长浜，在城市扩容的过程中，东西两头都被填平并相连，成为一条人口稠密的主干道，东边多为实业大楼，中段是各式里弄新村，西部散布高门大宅。1999 年 9 月 15 日，延安路高架全线通车，标志着上海经过 7 年努力，总投资 182 亿元、总长 64 公里的“申”字高架立体交通网建成。其中，延安路高架工程的顺利完工，被当时的报道形容为“献给 21 世纪的厚礼”。为了这份厚礼，延安路沿线的黄浦、静安和长宁三区经历了世纪末的“万人

动迁”，这是上海市“九五”之后动迁量最大的市政工程。

浪奔浪流，黄浦江的流水总是向着东海，一往直前。延安高架通车后，车河川流不息。年复一年，如小说《长恨歌》描写的夜雾和晨光仍然会洒落留存在延安路沿线的老派里弄，仍然有梦想涌动在弄堂里，仍然能从不私密的闺阁后窗看到涌入此地的好奇者。天窗和晒台还在，苔痕和鸽群也在，但这些毕竟不是30年前的弄堂了。“摸黑走窄梯，进了‘二层阁’”“从亭子间朝下一瞥，楼下人家一目了然”“两三户人间共处同一空间，家家‘音响’共鸣”……这种“螺蛳壳里做道场”的场景如今几乎是看不到了，生煤球炉子和倒马桶的窘迫更是过去式。因为南北高架和延安路高架这两大市政工程，历经悲欣交织的迁徙后，有超过2.6万户平民的家庭住房被改善了。随着延安路高架的建成，行车和住房，这困扰上海的两大难题很大程度得到缓解。

以“一寸黄金一寸绿”的高昂造价，延中绿地成为“城市森林”的开山之作，从第一期规划的5万平方米，到完整建成时，这片车水马龙中央的生态绿地达到28万平方米，上海人均公共绿地面积实现了从“一双鞋”到“一间房”的质变。

过了大世界，从西藏中路到瑞金一路的这两公里多的路段，可以用赏心悦目来形容：

西藏中路西侧的这片街区，上海音乐厅被掩映在草木丛中，每年秋天上海国际艺术节开幕时，爱乐者能踏着一地金黄的银杏叶走向音乐厅。穿过幽静的普安路，音乐厅的隔壁是大片的广场公园，梧桐稠密，浓荫覆盖着长椅，穿过大片的香樟林，公园深处有一片静湖，遇到好时节，能见到鸳鸯游弋，天鹅展开巨大的白色翅膀从水面起飞。走到成都路，抬头见两条高架交汇，行车呼啸而过，身边是另一番鸟鸣山幽的景致。这一片花园的布局有卢森堡公园、海德公园这类欧式园林的风格，用板岩、花岗岩等石材铺成宽敞笔直的人行道，植物品类繁多，春有樱花似雪，夏天荷叶田田，秋天枫叶红黄斑斓，冬天银杏铺地。隔着延安路的车水马龙，老成都路边的那一片绿地里遍植高大乔木，松柏茂盛，落羽杉庄严，常绿乔木环绕着一大片假山和人工瀑布，俨然是一片很有野趣的“城市森林”。

彼时困扰上海的最后一道难题：环境难，也随着延安路的改造和变迁，被釜底抽薪地扭转。

我们来看这一组数据：

> 1949 年，上海人均公共绿地指数是 0.132 平方米，仅为“一双鞋”；
>
> 1993 年，这个指数提升到 1.15 平方米，勉强够“一张报纸”；
>
> 1998 年，扩大到 2.96 平方米，够“一张床”；
>
> 2017 年，全市人均绿地面积达到 8 平方米。

在长达半个世纪的时间里，上海的绿化策略一直是“因地制宜，见缝插绿”，这是小园林建设的概念：用围墙围一小块地，造纯观赏性的“移步换景”。这条老路走了 40 多年，到了走不下去的地步——1994 年，上海人均公共绿地面积在全国城市排名接近末位。

当时，上海的城市建设已经驶上快车道，18 层以上的高楼一盖就几千栋。“水泥森林”起来了，白天吸热，晚上放热，空调“扑扑扑”的日夜运转，这让市中心形成许多“热岛”。市园林局和气象局合作，用卫星遥感技术对上海的热岛效应进行观察。结果表明，夏季市中心的气温要比郊区高 3 ℃—4 ℃。温度升高了，又散不出去，就容易下暴雨，一场豪雨过后，市中心就严重积水，真是“水深火热”。

延中绿地一期选址在南北高架和延安高架的交汇地带，那是黄浦和静安两个中心城区的交界处，人多，房多，是出了名的“热岛中的热岛”。延中绿地第一期选址的地方，是上海旧房危房最密集的老城厢，为了拆出一亩空地，平均动迁 40 户居民。一期工程开工时，总共动迁了 3000 户居民。

起初，有不少人觉得“人给树挪地方，不实惠”，但是随着大片的园林和湖泊出现在寸土寸金的市中心，“水泥森林”里腾起一片绿岛，大部分人就不计较“实惠不实惠”了。延中绿地建设时，搬来 24 棵香樟树，被媒体报道为“香樟树森林”，仅二十几棵大香樟树就能让民间一片欢腾，可见那时上海城区的绿色，实在太少。延中绿地第一期的 7 万平方米在 2001 年开放，气象局监测，绿地使热岛效应得到缓解，绿地周边地区白天降温 0.6℃，晚上降温 1℃以上，效果明显。

最初的 24 棵香樟树拉开了上海建设生态城市的大幕，延中绿地成了“城市森林”的开山之作，从规划的 5 万平方米到第一期实际建成 7 万平方米，之后“绿圈”越画越大，这片生态绿地完整建成时，城市的森林覆盖率超过 15.5%。

早在延中绿地第一期规划时，加拿大设计师提出“蓝绿交响”的概念，这不仅是对草木景观的诗意形容，更是在字面意义实现了：上海音乐厅位于整片绿地的东头，一年四季，悠扬的乐声总在香樟林中回荡，全年有超过 40 场草坪音乐会在绿荫中和爱乐者们“一期一会”。草木荣枯循环，弦歌不辍，树的交响、音符的交响、以及树和音乐的交响仿佛流动的盛宴——很多时候，“发展”不仅诉诸于物质，更多在物质之外。

沧海桑田的延安路上，也有海棠依旧。

浓绿丛中的“历史见证者”

上海是中国共产党的诞生地，同时也是中国共产主义青年团的诞生地。共产党和共青团的初创时期，一些主要机构旧址，散布在如今的

延安路绿地四周。一处是中共二大会址，在延安路成都路口；另一处是《中国青年》编辑部，在延安路淡水路口。

为了留住这些“历史见证者”，延中高架在成都路这里拐了个小弯，绕过二大会址；延中绿地二大会址、平民女校和《中国青年》编辑部在四周铺开，就像一大片绿色的手掌把老房子“捧”在手心里。1999年动迁时，延安路成都路交界的辅德里按规划将全部拆除作为道路和绿化用地。在拆迁过程中，有细心人在老城市井中发现了市级文物保护单位的牌子，热火朝天的工程紧急暂停并微调，二大会址和上海平民女校旧址所在的两排老房子被完整保存下来。

这两排建筑的屋面盖小青瓦，黑漆大木门，每扇木门的上方都有不同意境的题字匾额。其中一扇的门楣上写着“腾蛟起凤”四个字，出自唐代诗人王勃的《滕王阁序》。中共二大第一次全体大会的召开地，就在这扇写有“腾蛟起凤”大门背后的民宅里，是当时中央局宣传委员李达租借的寓所。

1923年10月20日，共青团中央在上海创办了机关刊物《中国青年》。但是在几个月时间里没有找到合适的编辑部。1924年1月，一位姓朱的中医在延安路淡水路口的朱衣里造了一排两层楼的石库门房子，刚一竣工，团中央就租下其中一幢作为编辑部。曾在此地工作过的陆定一回忆：“房子很狭窄，在前楼放两个书架，编辑们就在那里开会、看书、写文章，有时还校对。楼下是客堂间，5 月，萧楚女奉团中央的调令从湖北来上海，领导《中国青年》的编辑工作，就住在这里。其他编辑有时也睡在这里。”这本 1 万余字的周刊在这儿一共出了 113 期，一直到 1927 年四一二事变以后，随中央机关由上海搬迁到武汉。现在这幢三开间的两层楼石库门房子“整旧如旧”，绛红色砖瓦，乌漆大门，安静伫立在一片葳蕤绿意中，默默讲述那些怀抱理想的人在这座城市里留下的青春、激情和信念。

延安公寓，一栋和高架零距离的居民楼

正对着上海博物馆的延安东路 1060 号，这个地址上是一栋 8 层民居，公寓楼建于 1932 年，人民广场在当时是英国人的跑马厅，这栋紧邻的公寓就叫“跑马厅公寓”，坊间习惯叫它“八层楼”。当“跑马厅”成为历史后，它正式被更名“延安公寓”。1995 年，延安路高架开始建设，延安公寓一度被列入拆迁范围，但考虑到保护历史建筑，最后决定让高架道改道，弯个弧度，把大楼完整地保留下来。

延安公寓得到保留的同时，也留下了噪音的后遗症——在延安高架沿线，除了它，无法再找到这样一座和高架路近乎“零距离”的居民楼。走在公寓下的延安路边的人行道上，抬头仰望，会有“一线天”的感觉。五楼以上的住户如果开窗晾衣服，差不多就要贴上高架的路灯杆上。它成了这座城市里一处奇特的建筑，处在令人羡慕的黄金地段，亲历过声色犬马的“老底子”时光，见证了欣欣向荣的城市建设在快车道上前行，也不得不在很长一段时间里承受每日千万车流的噪音。

自 1999 年以后困扰住户十年的民生问题，因为上海举办世博会而迎来转机。在“迎世博 600 天行动计划”中，延安路沿线的综合风

貌被修缮，其中，延安公寓的外墙面进行粉饰装修，住家的窗户被改装为隔音窗，终于使室内噪音分贝降到合格标准。

上海博物馆从南京西路原跑马总会迁至人民广场的新馆，上海音乐厅从原址向东南平移了 66 米，24 棵香樟树的小树林扩展成城市中央的绿肺……这片城区上演着沧海桑田。然而推开延安公寓那扇普通的绿色铁门，门里的小世界海棠依旧：大堂地面铺着古朴的大理石，楼梯边仍是紫红色的旧扶手，电梯的青石门框和住户的大门都没有改动，大门上嵌着铁质门牌号，老旧的黄铜把手在微暗的光线里散发温暖的光韵。楼里住着 50 多户住户，一位老伯说："我在这里住了 50 多年了，我的房间和 50 年前比没有什么改变。"

门外的那条大路熙熙攘攘，它承载了种种传奇和变迁，时光的巨浪淘沙，最终沉淀的是普通人的生活，是无名之辈的韧性——这是延安路的底色，也是这座城市的底色。

Yuan ming yuan Rd.

圆明园路

N

S

灯火阑珊安宁处历史的书写不断重新开笔

圆明园路，南起滇池路，北侧是南苏州路

20:00

晚上 8 点，你站在圆明园路，可以看到不远处海鸥飞过头顶，霓虹照得水面如银。透过老建筑的巴洛克拱门，迎面而来的风扯着时间的进度条，迅速地后退。

从四川路桥到外滩，可以一路直行。但总有人喜欢向东穿过南苏州路，绕道圆明园路去外滩。

想看外滩的源头，就要来这里。踩上圆明园路深色九龙清花岗岩路面，也就翻开了上海开埠历史画卷的册页。在这条路上，能找到外滩地区最早的西洋建筑之一；从某种意义上说，繁华如梦的外滩，从这里发端。

卧在两排14幢久经沧桑的老建筑之中，圆明园路像一个天然的缝隙，过滤了江涛、车流和泱泱人群，吐纳城市的旧梦与新象，也把人瞬间送回很久以前。“外滩源”，有讲不完的故事，而故事也不妨从圆明园路说起。

藏在外滩后的小马路，时光随手一提，都是念念不忘的光阴故事

去圆明园路最好是傍晚，海鸥飞过头顶，霓虹照得水面如银。经过阑珊灯火，圆明园路一派安宁。老建筑门口站着保安和黑衣服务生，透过他们身后的巴洛克拱门，迎面而来的风扯着时间的进度条，迅速地后退。

把时间拉回到近两个世纪前，这里名唤李庄。1846年，英国首任驻沪领事巴富尔看中这片土地，三年后，英国领事馆从老城厢搬进了李庄新馆。百年前，绅士淑女身着华服，踏着领事馆的法兰西地毯欣赏“西人赛花会”。如今，昔日的英领馆变为“外滩源壹号”。以这幢两层文艺复兴式建筑为起点，西式建筑一路向南、向西生长，在半个世纪里，涌现出摩登的外滩。

如今，从“外滩源壹号”往外走，是圆明园路步行街。时间使得一段历史时期内平凡的建筑，在另一时期获得不可估量的价值。资

料显示，圆明园路堪称上海市级保护建筑最密集的马路之一，光陆大楼、真光大楼、广学大楼、兰心大楼、女青年会大楼、安培洋行、亚洲文会大楼……老建筑像张分辨率太高的照片，往事热切地挤在像素里。

1978 年的盛夏时节，一个瘦高的青年走进圆明园路 149 号《文汇报》大楼。大楼过去叫“哈密大楼”，建于 1927 年。在六楼文艺部一间朝南办公室里，编辑钟锡知先生对青年说：“你的小说《伤痕》可能要用，有些意见要和你谈谈。”24 岁的卢新华那时在复旦大学读大一，小说发表后，他由此步入文坛。

北京东路和圆明园路交界处曾有多家新闻媒体，除《文汇报》，还有北京东路 2 号的上海广播大楼、圆明园路 50 号的《新民晚报》等。这条路上，许多报人也是文人，博闻强识、下笔灿烂。“没有钢与水泥的冰冷感，充满文艺复兴时代的暖香味。一系列中国新闻史与现代文学史的坐标性作品从这里传开。”作家胡展奋在 20 世纪 80 年代做记者的日子里，常常“串门”文汇报社。推门，油墨味儿窜进鼻孔，老式电梯把人送上楼，每一层都热闹。晚上 8 点后的夜班编辑部活色生香。黄铜老台灯点亮，有人写稿排版，有人看来信来稿，有人哼着京昆戏曲。老辣的编辑起标题、改大样驾轻就熟，也有白面晚生紧锁眉头奋笔疾书。每年元旦前夕，摄影记者半夜出门，去邮票公司蹲点拍摄新年首日封。天边泛白，江口传来第一声汽笛，办公室里熬了通宵的记者舒眉停笔，报社食堂也备好了热气腾腾的阳春面。

时光随手一提，都是不舍青春。又岂止有报人对这条路念念不忘，上海博物馆原馆长陈燮君也对圆明园路的日子念念不忘。

圆明园路 97 号，清水红砖墙的安培洋行大楼，是陈燮君从医院出生后被抱进的第一幢大楼，一住就是 50 年。大楼 19 世纪初建成，1994 年入选第二批上海市优秀历史建筑，曾被上海广告公司使用。陈燮君与陈逸飞、陈逸鸣兄弟为邻，相伴习艺。下楼去广告公司，看美术家徐昌酩画动物。拐个弯去虎丘路，敲开著名考古学家王宣佩的门。有时在路上能碰见广播电台“金话筒”秦畅，每天中午 12 点，她准时出现在家家户户的收音机里。

圆明园路南口，北京东路 40 号友谊商店是上海人的骄傲。友谊商店曾经是国宾参观购物的定点商店，散发着蓝宝石光芒的商店玻璃幕墙，一度显得神秘、高贵。街坊总揣测着，今天是撒切尔夫人还是尼克松总统走进了友谊之门？是日本人买东西潇洒，还是欧美人花钱多？改革开放后，商店逐渐对市民开放，并走出“国门”开了分店。在这商品世界里，人们从另一个侧面打量着开放的中国。

一砖一石，涛声人语，圆明园路上的岁月成为陈燮君油画里的定格。在这条中西文化交融的马路上，聚集着诸多文化单位，人情熟络。人们在老洋房里度过半生，他们的儿女趴在窗户前，看着东方明珠的立柱上落成了三个球体，看着上海飞速闯进了新世纪。

很久之后，圆明园路的老居民再次回去，发现老家修缮一新，有

了新的面貌。抬头望，想起的还是曾经的烟火人情。房子反映着城市的变迁，回应着时代的需要，但还有更重要的事，就是传递人的记忆和感情。

> 老建筑变身新地标，每一步都是古典与时尚的粘连，这是属于上海的惊艳转型

走在外滩源，总能轻易碰见旅游大巴车。衣着时尚的青年男女在珠宝橱窗前停下，画面像极奥黛丽·赫本主演的《蒂凡尼的早餐》。昔日友谊商店的位置，坐落着落成不久的半岛酒店，乳白色的喷泉后面，金色厅堂里隐约有琴声。

进入 21 世纪后，“外滩源”规划融入黄浦江两岸综合开发项目并正式启动。项目分为两期实施，改造工程中，圆明园路成为最先规

划，也是最难改造的道路。

修缮的过程错综复杂。如果你曾听到这样的故事，比如匠心独运的建筑师如何利用新材料，把昏暗、衰败的空间改造成舒适、有用的空间，如何小心翼翼地卸下钢窗、门把手，按原样修复凹凸不平、残损的部位。此外，还有如何在原有建筑后方建设一栋同样高的新楼，把两栋楼内部打通……这些巧妙的修缮和改造都曾在圆明园路上演。

百年老建筑，每一幢都是这座城市特有的文物。那些雕花门窗、连廊洞口和原有结构不能破坏；修缮材料的质感、工艺也要和原始施工工艺相配，此外，还要考虑周边环境的保护。改造的八年，进程平缓，而老建筑的精神得以延续。

2010 年 4 月 30 日，黄浦江上升起万发烟火。世博会开幕，外滩源一期项目基本建成。人们重新走上圆明园路，每一步都是古典与时尚的粘连。

从圆明园路走去虎丘路，马路两边，最令人赞赏的是那些经过修

缮而保有韵味，同时又获得新功能、新生活方式的老建筑。前身为大剧院的光陆大楼成为顶级的办公大楼和餐厅；亚洲文会大楼变成外滩美术馆；半岛酒店竣工，“益丰·外滩源”定位为高端商业，入驻了多家世界一线奢侈品牌；原英国领事官邸、教会公寓、联合教堂一带扩大为公共开放的绿地，试运行的“外滩源壹号”成为金融家俱乐部和高端文化艺术的展示场所；2014 年，多年漆黑的圆明园路 169 号协进大楼亮起了灯，点亮外滩的新金融之梦。

改革开放以来，在经济、社会、科技、文化的互动中，旧建筑孵化新用途，让街区充满活力和多样性。新老建筑之间，一个全新都市功能区落成，配备商业广场、高级酒店、餐饮、办公、艺术馆，提供世界文化相逢、交融的地标场所，这是属于上海的惊艳转型。

走进廊壁回环的外滩美术馆，循着国内外艺术家的感官走向无边世界；时尚达人轻盈步入圆明园公寓，定制一款马眼形钻石项链；兰心大楼里的夜生活，弥漫着中美洲咖啡的花草香。老建筑和人一样，在特定的时间空间产生价值，随着时代变迁而不断变化。只要能回应城市的发展与人的需要，这种变化会在日后的岁月里持续下去。在变化中，人们经历着一轮又一轮聚合、离散，每天有新的故事。

2018 年，北起南苏州路，南至滇池路，东抵虎丘路与圆明园路南段，西靠四川中路，外滩源新一轮更新向老建筑纵深处进行。有人问，精巧的设计、时尚的文化，是否就是这里的未来？显然不是，街区、建筑在迎接豪迈新时代来临之时，也试图为新时代留下柔软的抒情，这关乎记忆与人文。

在外滩源，走着走着，就会看见马路上另一种奇妙的存在。半岛酒店门口，有目光清亮的青年晃摇可乐罐，在飞溅的可乐中抓拍镜头。天晴的时候，女孩穿着白婚纱，踮脚跑过苏州河。稍稍走远一些，会看见老太太在江边跳舞。上海的未来会包含这样的景色——与众不同的，个体或集体的生命，融入马路、街区和建筑的肌理。他们从出生、童年、而立到不惑的生命痕迹，是城市自然生出的底蕴，他们和马路一起变化的历史故事，展示着城市深厚的阅历和独特的个性。

城市建筑里的经济价值，可以被各种参数与指标量化。但由时间积淀而成的，那些曲折、丰富的人的生命痕迹，城市的生命痕迹，是无法被量化的。在城市变迁中，历史不断重新开笔，如果马路上的故事能被后人听见，城市的历史也就留了下来。

Duo lun Rd. 多伦路

W → E

现代文学重镇在弹格路上苏醒

东起四川北路，向西折北再与四川北路交汇

21:00

晚上 9 点，弹格路上灯光盏盏亮起。从多伦路旧书店、文博店里走出来的人拎着袋子，揉了揉肩膀和眼睛。"叮咚""叮咚"，踩着三轮单车的老伯摇着铃铛穿过，竟有时空错乱的感觉。

多伦路藏在一片闹市中，路口浅灰色拱形石牌坊掩在树荫下，稍不留意就能走过头。

东起四川北路，向西折北再与四川北路交汇，“L”型的多伦路像一只老电话的传声筒，挂在四方市井里。“叮咚”“叮咚”，踩着三轮单车的老伯摇着铃铛穿过。繁华都市里听见此声，竟有时空错乱的感觉。抬头看多伦路的石牌坊，“海上旧里”四个大字跃入眼帘，往里走，人文故居和文博店铺接踵而来，青鼓鼓的弹格路凝成一个个记忆的落点，摁进脚掌。路上，能够寻觅 1930 年代中国左联作家的音容，能够找到华洋交织的文化形态、经世致用的文化性情。

从印着“窦乐安路”的老路牌开始，多伦路将它的传声筒贴近了上海滩的风云变幻。

叩开名宅公寓，穿梭于先生们搏击暗夜的旧时光

多伦路从头走到尾，只消 10 分钟。然而如果沿着历史的脉络细细品味，花上大半天也不为过。马路过去叫窦乐安路，为 1911 年英国传教士窦乐安填河建造而成。窦乐安无论如何都不会想到，他亲手所造的马路，将填满一个时代的中国的伟大故事。

靠近那些中西合璧的文化旧里，透过神秘魅人的窗格向里窥探。一时间，景象翻飞如走马灯。

首先看见的是一位蓄着胡须、着长衫的人。他径直来到多伦路 201 弄 2 号中华艺术大学。底层一间小教室，冯乃超、冯雪峰、钱杏邨、夏衍、柔石、殷夫等 40 多位作家或站或坐，有人趴在窗台朝里看，有人堵着门。

“我们急于要造出大群的新的战士，但同时，在文学战线上的人还要‘韧’……”鲁迅先生站在讲台上。那是 1930 年 3 月 2 日，中

国左翼作家联盟宣告成立。这支以鲁迅先生为旗手的左翼作家队伍和其他文化战线上的工作者们，在粉碎国民党文化“围剿”的战斗中发出震耳惊雷。

鲁迅回到景云里的家，夜已朦胧。先生抽开椅子，桌上堆着杂文、书信和讲稿。1927 年 10 月，鲁迅许广平夫妇入住景云里。在景云里的两年多时日，与陈望道、茅盾、叶圣陶、冯雪峰、周建人、柔石等人为邻。那时，茅盾写出《幻灭》《动摇》《追求》三部曲；冯雪峰编《萌芽月刊》；叶圣陶编《小说月报》，扶掖丁玲、巴金、戴望舒、沈从文、朱自清等大批文学新人；柔石与鲁迅共同创办朝花社，写出《二月》《为奴隶的母亲》……

作家们总去多伦路四川北路路口的公啡咖啡馆聚会。鲁迅在《革命咖啡店》一文中写道：“遥想洋楼高耸，前临阔街，门口是晶光闪烁的玻璃招牌，楼上是我们今日文艺界上的名人，或则高谈、或则沉思，面前是一大杯热气腾腾的无产阶级咖啡……”躲开巡捕房“包打听”，幽静的公啡咖啡馆见证了左联的酝酿、中国新文学的涌动。

在白色恐怖的年代，左联在存在的六年间不断遭到残忍镇压：李伟森、柔石、胡也频、殷夫、冯铿等一批革命作家被害；大批左翼和进步书刊、书店被查禁、捣毁……然而，屠刀下的左联作家都是勇士。他们存在一日，壮大一日，以文化、科学之锋芒搏击暗夜，照亮了无产阶级革命文学的天空。

岁月更迭，作为公共租界的多伦路不断涌入各方力量，明暗交织。左联完成了历史使命，抗日战争爆发，多伦路一度被日本海军陆战队占领；抗战胜利后，住进了汤恩伯、白崇禧、孔祥熙等国民党大员。人们说，一条多伦路，百年上海滩。数尽风雨沧桑的多伦路，从 20 世纪 50 年代开始成为住宅区。到了 20 世纪七八十年代，多伦路在市井营生中褪去光芒，成了一条热闹拥挤的“马路菜场”——小贩摆摊，鸡鸭齐鸣。道路失修，夜晚人不留神，摔一跟头是常有的事。

盛夏忽然一场暴雨，坑坑洼洼的小马路便寸步难行。

人们发觉，曾响彻文人跫音的多伦路正蒙上风尘，为人淡忘。为了让记忆留下来，多伦路在一轮轮城市更新中，发出人文的呼唤。

老店铺里流连忘返，在这里找回岁月与初心

20世纪90年代初，虹口文化人率先提出以鲁迅公园为轴心，以多伦路一带名人故居、文化遗址为内涵的“雅文化圈”构想。1998年，虹口区政府对多伦路名人寓所、历史文化遗迹进行了保护和开发。提出的愿景，是建设集名人故居、海上旧里、文博街市、休闲社区为一体的文化名人街。

1997年至1999年，同济大学副校长郑时龄主持团队为多伦路进行改造设计。童年居住于此，他熟悉多伦路的肌理。他说：“建筑是一个创造人性的场所，融入文脉，而不破坏城市空间的和谐。”

1999年10月，路过四川北路的人纷纷停下脚步。透过树荫，上海市老领导汪道涵题写的“多伦路文化名人街”牌楼跃然眼前。往深处走，以中国传统建筑造型铸造的鸿德堂安宁伫立，法兰西新古典主义情调的汤公馆、阿拉伯风格的孔公馆等名人公馆焕发神采。老建筑松动神经，纷纷苏醒。

慢慢走，风景旧曾谙。鲁迅、叶圣陶、茅盾、郭沫若、丁玲……如果你忘了他们的样子，可以在屋檐下、树荫里见到他们惟妙惟肖的铜像。他们无意用纪念碑式的架势横在路中间，更不会干扰视线。“L”型道路的分割点上，郑时龄团队设计的“夕拾钟楼”朗然而立。钟楼的气息，对所有追寻历史的人有着神奇的功效。人们从日常思考中解放出来，绕着多样建筑兜兜转转，无意停息。

步入“L”型道路的另一截，将看到一些有趣的店铺，比如旧书

店、私人博物馆。有家专收老物件的博物馆，白色雕花石库门门楣朝向马路。人们难以列出在这儿买得到的所有老物件：月份牌、老路牌、黄铜台灯、蝴蝶缝纫机、马灯、搪瓷杯和别些种类的旧家什；人们不知应该瞻仰那堆到天花板的“三五牌”座钟，还是应该拍下那些仔细用塑料纸包着的《申报》《新闻报》《小星报》——据说那儿有三万多种、总重量超过一吨的旧报纸。让人流连的并不是物件的本身，而是那些物件所代表的历史。它们让城市的记忆一齐觉醒而把你包围起来。彩色弹珠是一代人的童年，“三大件”里有小康家庭的变迁……不只是个人往事，还有这个城市的过去、现在与未来。

博物馆不远处有一家旧书店，爱书的人只要来过，都不会忘记它的位置。住在附近的青年，要是晚上睡不着觉出门闲逛，也许会碰见它仍亮着灯。也有专门赶来找书的学者，爱不释手、小心翼翼地翻着泛黄的书页。如果听见书店里传来“啊!”的一声，没准是有人发现了20世纪20—30年代的宝贝书。守着16平方米书店的老店主看着来客从少年长成壮年，早已打定了主意，要陪着这些爱书人走下去。

世纪之交，多伦路上涌现的民间博物馆多达十余家：筷子馆、瓷器馆、钟表馆、石头馆……如今，那些时光筛后而留存的店铺，怀着不忘过去的初心，成为人们乐此不疲谈论的马路地标。

“以天下为己任”的经世情怀融入马路，留住历史的深邃回音

吴冠中说虹口文化有着经世致用的品格。如当年鲁迅先生开创的白话文小说和杂文写作，让一代又一代人受用；刘海粟在虹口创办“上海美专”，最早把西方近代美术教育思想引入中国，如今的美术院校仍在沿用当时的写生、模特教学法；当年的左翼电影音乐《义勇军进行曲》，成为了国歌……

如今，更有红色文化、左联精神在人们心中接续传承。走进多伦路201弄，将看到“中国左翼作家联盟”成立之处左联会址纪念馆修缮一新。一楼展厅呈现出1930年3月2日左联召开成立大会时的原景。那些木桌、讲台、文献和照片，无不像徽章一样昭示着革命岁月。在这里，一些退休党员、“老虹口”们组成解说团，为人们讲述红色土地上的人与事。他们当中有人深入红色故事现场走访考证，有人从浩如烟海的文字记录中发掘史料，让更多历史细节“浮出水面”。

纪念馆的留言簿上有这样一句话，引自鲁迅先生《为了忘却的记念》——“即使不是我，将来总会有记起他们，再说他们的时候的。”

记忆的潮水继续涌流，多伦路像滩涂一样堆积着力量，吐故纳新。左联文学博物馆正在酝酿；首届鲁迅文化周于2018年下半年举

行；围绕鲁迅、茅盾在虹口的生活工作轨迹，人们将走上“鲁迅小道”和“茅盾小道”……站在新时代，多伦路打出了三张牌：红色文化、海派文化和名人文化。未来，虹口区将围绕“先进文化策源地”“海派文化发祥地”“文化名人聚集地”，打响文化品牌。今日愿景，是用“以天下为己任”的经世情怀，为后人留存城市的文化记忆，留住历史的深邃回音。

再次描述今天的多伦路，将包含它的珍贵过去。我们可以看到这样的景象：周末的午后，青年们三两成群走进左联会址纪念馆。当年鲁迅演讲的房间，举办着文艺沙龙。人们谈论柔石的《早春二月》改成的沪剧，讨论法文一字不识的鲁迅如何给法国送去中国文艺。

“海上旧里”解说团的志愿者们带着众人沿多伦路去往四川北路、山阴路。以四川北路为中轴，从南部武进路至北部鲁迅公园，涵盖两侧支马路和旧里弄，共有57处红色文化遗址。沿途，名人旧居、红色遗迹被正式挂牌，一批具有人文印痕的里坊、建筑也将迎来新的保护修缮。

在马路、弄堂漫步，那些年热血文人们的生活与革命情景一一浮现。你看见他们在案前坐到天明，拼命写文译书，双眼通红；你看见他们落在巡捕房的手里，却扬起自尊的头颅。你甚至会闻到一阵凛冽的空气，听见鲁迅的声音：“记得一切深广和久远的苦痛，正视一切重叠淤积的凝血。”

当夜幕降临，弹格路上灯光盏盏亮起。从多伦路旧书店、文博店里走出来的人拎着袋子，揉了揉肩膀和眼睛。恍惚间，一阵匆匆脚步声传来，依稀有一个瘦长人影闪进了里弄。只见他穿着长衫，夹着烟，步履不停。在他身后，月儿高悬，一幢幢充满故事的老房子向远方伸展。

而他曾经说过的将来，就是现在。

相关链接

多伦街区还有哪些好去处？

老电影咖啡馆：多伦路 123 号

1908 年中国第一家正规电影院在虹口建立，“老电影咖啡馆”基于这段历史开办，以放映旧电影为特色。在悠悠流动的老乐曲声中，再现往事。

上海多伦现代美术馆：多伦路 27 号

由多伦路上一个室内菜场改造成的美术馆，高 7 层，展厅面积 2000 平方米，主要举办中国当代艺术的展演活动、国际当代艺术交流。

周恩来早期革命活动旧址：永安里 44 号

20 世纪二三十年代，年轻的共产党人在这里与国民党特务、租界统治者斗智斗勇。永安里 44 号为当年周恩来在上海进行革命活动时的一个秘密联络点。

多伦路 163 弄的老房子

多伦路 163 弄 1 号建筑是目前已知的多伦路上最早的住宅，典型的老上海农村传统建筑。据房主说，当多伦路还是一条小河浜时，这栋住宅就存在了，后来才慢慢有了路。

多伦路 32—48 号

建于 20 世纪 30 年代的欧洲文艺复兴式花园住宅，假三层砖木结构，典雅华丽，比例匀称。屋顶坡面，铺红色瓦，屋前有 100 平方米花园草坪。建筑被虹口区登记为不可移动文物。

多伦路 85 号

建于 20 世纪 30 年代，为日本“洋风化”时期建筑风格。既有外来建筑艺术风格，又有本土特色。复式“人”字形屋顶，铺着小青瓦。北立面门廊采用罗马式的券、拱及多立克式石柱。

Song hu Rd. 淞沪路

N

S

“创新创业号”列车，出发！

淞沪路位于杨浦区，北起国帆路，南至翔殷路

晚上10点，淞沪路上仍然一派生机勃勃的景象，空气里仿佛有无数新鲜的创意在相互碰撞、窃窃私语。也正因为如此，大隐书局的第一家“深夜书房”就开在这里。

过去，不少五角场的老居民要购物，总会习惯性地说“去上海”，在他们心中，有点荒凉闭塞的五角场，似乎与洋气的上海有些格格不入。如今，再到五角场，林立的商业广场、高密度的创业园区、一家家契合都市生活情趣的文创店铺，彰显着上海鲜活的气息。

淞沪路是五角场一角的延伸线，改革开放 40 年的变化轨迹在这条道路上清晰可见。智慧密度极高的创智天地，是上海知识型、智力型城市规划的最佳佐证；万达商业广场、百联又一城等纷纷崛起的商业“巨头”，是商业快速发展的直观体现；不断升级的交通，又展现着上海城市发展的便捷与可能；让都市青年垂青的沿街店铺，又是一个时代人们心中理想生活方式与生活体验的最佳研究样本。在这里，改革开放的成果不但体现在城市功能的规划上，更体现在老百姓衣食住行获得的便利中。

创业“金三角”，上海智慧创意密度最高的区域

漫步在淞沪路上，你总能感受到一种忙碌与休闲、紧张与活力并存的矛盾体验。拐进淞沪路两边的创意园区，在网红饮品店里点上一杯香浓的咖啡，或是在餐馆里点一份套餐，你身边响起的通常是一场场围绕创业的头脑风暴，而“区块链”“比特币”“KPI”等时下热门商业术语则是这些谈话中的高频词，当然也会有人像你一样“不经意”地静静聆听周遭的动静，这些人很有可能是投资公司或者孵化器的“星探”。

“创智”是杨浦区的关键词。在这里曾走出过永久牌自行车、上海牌手表、中华香烟等一批让中国人骄傲的“上海制造”品牌，如今，这片土地又抓住百年老校林立的优势，乘上最新班次的“创新创业号”列车，一路飞驰。

作为全国首批双创示范基地之一，杨浦区的众创空间数量占到全市的10%，其中位于淞沪路两侧的创智天地园区便是典型。这片始建于2003年的创业园区，坐拥100万平方米面积，南到政通路、北到政立路、东到国和路、西至国定路，将多家500强企业与创业团队包裹其内，是上海创业者口中的“金三角”。

不同于传统的创业园区，漫步在创智天地中，你能感受到一种“尊重效率亦重情怀，见生意也见生活”的舒适氛围。园区将周边大学校区、公共社区、科技园区的资源打通，为在此拼搏的人们提供了一个集工作、休闲、娱乐、运动于一体的诗意栖息空间。早上来到单位办公，下午喝杯咖啡聊个业务，下班后吃个创意菜，再去健身房锻炼一下身体……一体化的便利工作生活氛围是大量创意人才聚集创智天地的原因。这里对标的是旧金山的硅谷与巴黎的左岸，走的是配套设施完善的“知识型社区”路线，旨在打造一个集科技、教育、创业、创新为一体的平台，助力上海的创新发展。

“修旧如旧”的江湾体育场是创智天地工程的重头戏，原本几乎荒废的江湾体育场经过改造，从竞技场馆变身为为人们提供各种体育项目的休闲空间；体育场正前方的老房旧屋被拆除，取而代之的是格局大气的创智天地广场，几栋造型简约的现代化办公楼周围是密度极高的咖啡店、餐厅、展厅与小剧场，工作与生活水乳交融；位于创智天地广场以西的创智坊，通过一条大学路与复旦大学、上海财经大学连通，这里足以承载年轻学子从毕业到创业再到企业迈向成熟的发展轨迹——在此处“安营扎寨”的既有不足百平方米的小型的办公楼，也有几百平方米一层的企业孵化器，更有不少500强企业的大楼。

一家家文创店铺标记着青年人的活力与理想生活

“文创”是淞沪路的又一个关键词，最年轻最时尚的创意表达就隐匿在这里的每一个生活细节中。

刚下地铁，让人会心的创意细节就已迫不及待寻找着时尚的“有心人”。“不忘上一站的余味，期待下一站的相逢……”这是轨道交通10号线江湾体育场站9号出口处写的一段话，从地下拾级而上，每一格楼梯都写着时下最流行的“土味情话”——“听说你喜欢狗，那么，汪。”“你不只重，还很重要。”“不要担心，你再能吃，我也养得起。”这种“尴尬”又不失幽默的网络流行表达，让准备开启一天繁忙工作的都市“低头族”忍不住放下手机，一句句看个究竟。

淞沪路一带是上海青年文化的代表性地标之一。对于都市青年来说，在一个个有趣的创意细节，一家家不期而遇的文创店铺中，总能找一些内心理想生活方式的呼应点，而对于更多想要“解锁”新玩法的人来说，到沿淞沪路一带随便转转，是个好主意。

位于淞沪路333号的大隐书局，是这一上海书店品牌在上海开出的第六家店铺，也是大隐书局的第一家“深夜书房”。在这家位于大学路、智星路路口的书店中，人们转角遇见的不只是浓浓的书香，还有被高度提炼的生活美学。比起书店，大众书局与书房的概念更搭，它像是家庭书房的延伸——这里各类图书被细致分类摆放于四周墙面，中间是一排排带有插座的桌椅，带着笔记本电脑与书籍落座其中，仿佛回到了大学自习室。

类似的一体化服务书店在这块区域不少，走出大隐书局，绕到大学路上，刚走几步，便是一家名为“猫的天空之城”的书店。还未走进书店，门前一个红色复古邮筒，已引来不少游客留影。原来这里不

仅是一家书店，更是一个明信片主题店，明信片、手绘地图、信封信纸、书签等小物都有售卖。书店二楼一面叫做“寄给未来”的明信片墙格外引人瞩目，客人写下明信片，放在选定日期格内，店员就会帮你在那天寄出。

在淞沪路一带开设店铺，如果没有一点特色，很难立足，这些特色中折射的是对当代人多元生活方式的尊重。在淞沪路上的创智园区中，就藏着一家“有态度”的餐厅——Fortunate Coffee。这是一家全素餐厅，即便是咖啡中也不放牛奶，而是用豆奶和燕麦奶代替。更有趣的是，这里的咖啡上面，店员还能为你撒上幸福、快乐、欢喜、潇洒、开心等正能量词语。除了各类餐饮店之外，淞沪路上还有“精致证件照”拍摄店、首饰定制店铺、滑板公园等为青年人提供个性服务、娱乐的场所。上海都市青年当代生活的丰富画卷在这里缓缓展开。

城市副中心定位让居民的“衣食住行”全面升级

2018年2月的一天，位于五角场的万达影城内正在放映一场不同寻常的电影。这部电影是当时在国内热映的动画片《妈妈咪鸭》，但在这里，影片的色彩和画质与观众以往看到的大不一样，主人公小鸭子身上的毛发根根清晰，而影片中的山川湖泊、花花草草也清晰得近乎完美。原来，放映这部电影的是全国首块自己会发光的LED电影屏幕。这块LED电影屏约10.3米宽，由4096×2048个自发光的二极管组成，峰值亮度是传统投影设备的10倍。

而这样的特殊休闲经历只是五角场商圈丰富休闲购物体验中的一个小案例。早年，将购物称为“去上海”的五角场老居民也许不会料到，曾经商店匮乏的五角场会变成一个各类综合性商场全面开花，各

大国际品牌纷纷入驻，新鲜设备最先试水的上海休闲娱乐新地标。

最先崛起的是万达商业广场。万达商业广场采用的是“组团开发模式”，沃尔玛、新华书城、巴黎春天、第一食品，电影院、黄金珠宝店、家居专卖、数码产品专卖等丰富多样的店铺强强联手，聚集在广场中，在互相“导流”间让人们享受一站式的休闲购物体验。先去沃尔玛购置日用品，再到第一食品吃顿饭，晚上去影城看场电影……这个曾被称为上海最大购物中心的综合空间，大大拓展了上海人的本土购物体验。之后，又一座商业“航母”百联又一城也开张营业。与万达商业广场分据淞沪路两侧的百联又一城，总建筑面积超过 12 万平方米，总投资超过 10 亿元人民币，集购物、餐饮、休闲、娱乐、健身等功能于一体，是上海东北地区单体面积最大的购物中心。

与商业布局同样在逐步升级的还有交通。四通八达的地下空间是淞沪路一带的显著特征。沿着淞沪路，从创智天地到万达商业广场，有一段约为十分钟的路程。只是，人们不光只有路面这一个选择，一条店铺云集的地下通道将沿途几个重要目的地串联起来，形成一条遮风挡雨的通道，也为繁忙了一天的都市人提供了购物餐饮的小憩空间。

相关链接

淞沪路上的地标

江湾体育场

始建于 1933 年的江湾体育场，由建筑师董大西主持设计，分为运动场、体育馆、游泳池三大部分，占地 300 余亩。说起中国的体育发展史，江湾体育场总也绕不过去。1983 年，第五届全运会在上海召开，江湾体育场是开幕式的主会场。1997 年，第八届全运会在上海召开，开幕式的大型团体操的彩排便在江湾体育场进行。2007 年，第十二届世界夏季特殊奥林匹克运动会在上海召开，江湾体育场又承担起闭幕式主会场的作用。

在上海老一辈球迷心中，江湾体育场承载着非凡的意义。20 世纪 60—70 年代，不少著名的足球赛事在这里举行。记得 20 世纪 80 年代末，明斯克的一支球队来到中国比赛，几乎打败所有对手，直到江湾体育场的最后一场比赛——当时上海队主教练王后军带领秦国荣等名将，将比赛逼平，为中国足球维护了尊严。最有名的一场比赛是 1977 年，球王贝利带着他的宇宙队来到江湾体育场与中国队踢的那场比赛。比赛结束后，当时被称为“中国球王”的 11 号容志行还与贝利交换了那件著名的 10 号球衣。

江湾体育场亦是上海申花队梦开始的地方，甚至伴随着这支上海球队一起问鼎甲 A 冠军。一度，江湾体育场的红色砖块和巨大灯柱上总能找到球迷对当时申花队球员写下的“爱的告白”。1996 年底，江湾体育场重新粉刷，徐根宝也恰在此时卸任申花主帅，一次他指着斑驳的建筑对工人说：“这都是历史，都是灵气，不能刮掉啊！”

创智天地广场

位于淞沪路沿线的创智天地广场是整个创智天地的“中枢神经”。创智天地广场对着江湾体育中心正门，在这片宽阔的场地中，云集着国内外高科技企业、大学、科研机构、创业公司、风险投资基金等。大量亲子早教机构的聚集也是这里的一大特色，因此这里也曾被称为亲子活动和艺术文化的新中心。

创智天地广场开阔的空间，也让这里成为不少活动的举办场所。售卖各种手工创意产品、深受年轻人喜爱的“创意市集”，曾在这里高调开张；为大学生解决就业“燃眉之急”的大学生创业服务咨询活动也曾在这里开花；在这里的剧场中，更是上演过一出出话剧、推出了一个个艺术沙龙……与青年人息息相关的活动和这块场地一起，构建起一个丰富的青年文化场域。

SMP 滑板公园

对于不循规蹈矩，追求个性与刺激的现代人来说，极限运动已经成为重要的娱乐休闲体验。位于淞沪路 2100 号的 SMP 滑板公园是全球数一数二的极限运动空间。公园竣工于 2005 年，占地面积超过 13000 平方米。SMP 滑板公园的设计者是一位叫做西蒙的澳大利亚人，由他参与设计的滑板公园已超过 300 个，而他本人也曾是滑板专业运动员。

SMP 滑板公园是滑板爱好者的天堂，其多样的设备满足了不同水平、不同阶段滑板爱好者的玩乐需求。在公园中，你既能找到让初学者“小试牛刀”的简单滑道，也不乏让顶尖滑板玩家“心理没底”的高难度设施。比如，公园内的一个 360 度管道。在这根管道两旁分别连接了两个 5 米深的碗状滑坡，滑手需要从一个“碗”冲进管道做 360 度的滑行之后再进入另一个“碗”。据说，这个“标准动作”目前全世界能够完成的人不超过 10 个。

这里是人们走进极限运动文化的重要通道，也是不少极限运动爱好者社交的重要场所。不少经验丰富的玩家常年在现场指导，更有来自海外的教练现场教学。

Da xue Rd. 大学路

N

S

所有的青春和梦想，都来吧！

大学路，西起国定路，东至创智天地

23:00

夜已深，白天的餐厅变成酒吧，街道变成剧场。月光与霓虹落在人们身上的样子各不相同，却都牵动了他们的嘴角，拖慢了他们的脚步。此时的大学路，就是流动的盛宴。

一条马路是否有趣味，路人的眼睛会告诉你答案。大学路上的行人，眼珠会滴溜溜地转。这儿的建筑物有着彩绘玻璃窗和涂鸦外墙，这儿的人制造美妙的杯子蛋糕和咖啡，这儿的大学生会在两家餐厅间犹豫不决的时候瞧向第三家餐厅，这儿的外国人总在酒吧和健身房开怀大笑。人们走在大学路上的时候，很容易产生目光接触。他们心里期盼着新鲜好玩的东西，而大学路满足了他们。

大学路，青春之路。一头连着复旦大学、上海财经大学，一头连着创智天地。念头活跃的青年在这里寻觅灵感，忙碌一天的上班族在这里恢复元气。从它的历史，经由建筑到它的气质，大学路已经成为富有创造力和文艺气质的人们相遇的不夜剧场。

创新和前卫的街道，筑起学子与创业者的后花园

黄昏来临，雨后的香樟树灌满蝉鸣。当五角场所有的食店、咖啡馆门前同时亮起多色彩的灯，一些从 IBM、甲骨文、EMC² 大厦走出来的年轻白领向西穿过淞沪路地下通道，从上海财经大学、复旦大学走出来的教授和学生，在国定路拐弯，两股人流将在大学路上相遇。

大学路向白领展示的是一种面貌，向学生展示的又是另一种面貌。松开衣领走出写字楼的上班族望见餐馆门前的彩色店招、书店里橘黄色的光、涂鸦墙壁和设计清新的照相馆，看见少女在镜头前扣好白衬衫露齿一笑，他们会想到一个港湾，一个可以暂时放下压力的港湾，甚至会想到他们在寝室通宵写代码、打游戏的日子，还有在大学路谈恋爱、吃散伙饭的日子。

对于下了课的学生，他们则认出了沿街商铺背后的创业中心，大学路西侧路口的独栋六层小楼是腾讯众创空间，远方大楼视频网站的

名字闪着蓝色荧光。他们看见那些灯火通明的LOFT、孵化器、加速器接纳新意迭出的创客团队，在金融、IT、生物科技、文化传播等领域施展身手。他们会想到一艘船，甚至看见自己也成了一名水手，等到起风了，他们也会鼓满船帆，驶向大学路最东端，直抵世界500强企业大楼。

在20世纪50—60年代，大学路没有路，只有连片的灰色工厂。那些平凡日子的大清早，年轻的工人走进厂房，机器轰鸣，浓烟在晨

曦中直直升起。20 世纪 80—90 年代，社会开始向信息社会和知识社会转型。大学路四处散落着废弃的厂房，似乎在等待着什么。

2003 年，“科教兴市”战略抵达杨浦，创智天地项目应运而生。大学路是这一项目的组成街道之一，于 2004 年开始动工，2006 年一期建成。创智天地项目位于杨浦的江湾五角场城市副中心，占地 84 公顷，总建筑面积约 80 万平方米，邻近上海市东北部所主要大学及学院，包括复旦、同济、上海财大、上海理工等学府，目的是打造一个大学校区、科技园区和公共社区相融合的知识型社区——人们自然想到了左岸和硅谷，知识型工作者的圣地。

从国定路或智星路出发，沿着大学路散步，会撞见层出不穷的灵感。在韩国工作的服装设计师刘聪聪放弃高薪工作，回国选中了年轻人聚集的大学路，开了自己的服装工作室；先后毕业于美国明尼苏达大学、日本早稻田大学的杨熙黎投身独具巧思的家具设计，把 500 平方米的“吱音生活馆”搬到紧贴大学路的锦嘉路，很快占领了年轻人的朋友圈；“因味茶”把旗舰店开到大学路，用营造社区的理念来经营店铺；意大利墙绘艺术家米洛在 2017 年和 2018 年两次抵达大学路，乘吊机登上高楼，完成了他在亚洲最高的 46 米公益墙画和 16 米巨幅涂鸦……一批年轻人走出校门，在大学路旁的孵化器中开启创业人生；如果拿到了融资，他们就在大学路沿线的 SOHO 开家小公司；规模再成熟些，就搬到大学路旁的独栋写字楼；实现了阶段性财务自由，他们就在区域内高端住宅置业。各类创业媒介在这条路上交汇融合，浓缩了从青涩梦想到成熟企业的生命周期。

知识工作者所向往的不仅是业务成就，还有生活的情调。陈烨是一家做兼职招聘的互联网公司的年轻工程师，每天早上骑共享单车穿过大学路去上班，八点半坐在电脑前，走出办公室已是夜色阑珊。在他过去工作的地方，夜晚十点的马路陷入寂静。现在，他可以约上好友去大学路坐坐，喝扎啤酒，看场球赛。2009 年起，大学路的夜间经济兴起。700 米的马路上，逐渐聚集 100 多家食店、40 多家咖啡馆、10 余家私人影院，还有书店、艺廊、美甲店、桌游室等。马路两旁的墙满是流光溢彩的招牌，每家店铺都尽其所能变得富有魅力，不同的店铺设计师在这里施展才华——在大学路上分辨一家店铺，不需依靠门牌号，它一定有属于自己的独特色彩和标记。

一种青春的灵性笼罩着它，白天的餐厅在夜晚变成酒吧，街道变成剧场。月光与霓虹落在人们身上的样子各不相同，却都牵动了他们的嘴角，拖慢了他们的脚步。少男和少女，老人与孩子，还有外国人在这里相遇，那个时刻，大学路就是流动的盛宴。

年轻的马路有一种珍贵的传统，人与人在互动中复兴街区

城市需要一种马路，让紧张的人恢复松弛感，在轻松的漫步中恢复元气。来过大学路的人都会同意，这里的休闲时光很多时候都是在室外度过的，并且足够舒适。那些风格各异的露天餐吧就安放在人行道旁边，隔着及腰的绿化带。长在木头栅栏后面的绿植显得干净而有光泽，甚至比很多精心设计的马路绿化还要温馨。当行人与那些坐着吃饭、喝酒、聊天的人擦肩而过时，总能听到高高低低的笑声、最新的讯息乃至城市里的八卦。

2017 年 6 月起，同济大学博士研究生钱晨对大学路开始长达 3 个月的考察，她想弄清楚大学路在短短 10 年内就充满活力，依赖于怎样的城市设计。“虽然政府的政策支持，以 IT 和创意产业为主的功能培育为大学路创造了丰富经济和社会活动，但街道仍然是布置与设计的结果。”从江湾体育场地铁站走出，来到那条色彩丰富的马路上，观察街区尺度、交通和邻近社区，她发现有种宜人的开放性存于其中。这种开放性传递了最重要的内容：街道是一个由生物和生命及其创生活动构成的有机世界，因而是一个可以互动互惠、相互依存的成长世界。

大学路的设计出自学界颇具声望的 SOM 建筑设计事务所之手，以没有围墙的“开放式街区”理念进行设计。街道宽度小，而人行道宽度大，主路及两侧的支路面向所有人开放，尺度宜人也易于到达。短短 700 米就有 6 个红绿灯，车辆如果只是途经此地不作停留，一般不会开进来。这让钱晨想到 20 世纪 60 年代简・雅各布斯的经典理论——“城市步行道路是城市中主要的公共空间和最重要的‘器官’。”同一年代，刘易斯・芒福德对大都市中心区交通拥挤、步行环境恶化进行批判，呼吁城市打造具有生活气息，适宜步行的街道。上海于 2016 年编制发布《上海市街道设计导则》，《导则》将步行放在首位，鼓励整体的人性化街道设计，改善步行环境的重要性已成为共识。

钱晨在大学路发现了在其他步行街道不多见的场景——8 米宽的人行道被分为三个层次：建筑前的户外餐饮区、步行空间和设施摆放区。“在步行通道和车行道之间，行道树、花坛、自行车停靠、垃圾箱、路灯和其他辅助设施有序布置，既划分了人车通行，又保证了视觉上的通透。在这种空间布局之下，每个店铺都可以用自己的方式为街道作出贡献，并通过招牌、花草、遮阳篷、外摆区个性化设计和不同的色彩，创造出室内和室外餐饮空间之间的连续性。”

凭借这种温和的渗透界面，大学路成功创造了一个步行的世界、生活的空间、遇见的场所，一个人人可以且乐意表演的剧场。不同人群都能在大学路随意逗留、观望。人们能在五步一家的咖啡馆里轻而易举地看见某个教授或学生弓着背对着电脑写东西，也能在各式餐厅开出的外摆空间看见衣着时尚的白领和外国人；马路背后创智坊的居民，可以慢悠悠地踱步至此，喝杯睡前酒或者浓咖啡；创业青年选择一个安静的露台聊项目，不远处兴许就有投资公司或者孵化器的“星探”竖着耳朵；孩子们则喜欢在两头的小型广场嬉戏；到了周末市集的日子，马路上的节点空间围满了各种肤色的青年人。人们不仅散步、购物，还可以随意推开门，走进街内的楼道、店铺后小区的花园。

街道是日常生活中的必经之路，是鲜活的生活场所。对每个店铺的宽度、密度、营业时间、摆放范围的合理限定，使得位于一个全新城区的大学路，依然保持了传统城市生活的珍贵尺度——它支持街道上多元的城市生活、关注人们的安全与舒适、具有完整连续并且有趣的步行空间；它是重要的商业空间、人们的休闲场域、无家可归的人的庇护所、社会人士的活动空间；它既具有城市基础设施属性，又具有适合日常生活的社会属性，它打破人的孤立状态，提供人们随意会话的机会，恰似一个人格培育与成长的港湾。

2017 年国庆节前夕，淞沪路地下通道开放；年底，创智天地大学

路地下商业街“下壹站”亮相。商业街地处大学路末段，是打通淞沪路两侧、连接创智天地广场与大学路的桥梁。由此，大学路沿线的步行系统具备了更强的连续性和丰富性。曾经把年少时光流连在这条路上的学子们一次次返回这里，对未来灵感四溅的创业者无数次经过这里。对于那些心系传统城市和街道生活的都市人来说，他们找到了久违的日常生活场所，共同见证了一场城市街道的活力复兴。

相关链接

解锁大学路上“青春的味道”

Homeless：大学路201号

很有唐人街风格的一家店，白天主打咖啡简餐，晚上变成酒吧，还有歌手驻唱。虽然店名叫无家可归，但是他们会做流浪猫领养的活动。创办人是同济大学的校友，大学时玩乐队的经历让他产生了开一个餐吧的想法，让更多诞生在校园里的原创乐队有一个表演和寻找知音的平台。学生对草根原创音乐的接纳度非常高，使得这家店在大学路备受欢迎。

椒范儿：大学路312号301

这家店的老板，有三个毕业于复旦，一个毕业于同济，堪称大学路餐饮界的最强学历阵容。他们的目标是做一家自己也能随时随地吃得健康放心的麻辣烫。四川汉源的花椒，光是辣椒就用了三种；番茄鸡汤底则历时两个多月反复试验15个版本，才选择了最终版。看着红亮透彻的汤汁，全身上下的细胞都在骚动。

ALL THE LOVERS 蛋糕店：大学路211号

这家店在白天是温暖浪漫的，到了夜晚俨然是个慵懒神秘的空间，气氛十足。关键是蛋糕的设计非常讨人喜欢，连名字也别出心裁。“夜访吸血鬼”“三月弥生”“告白”“恋爱中的斑马”……如果不去吃，还以为纯粹赚噱头，但吃到口中才会感到蛋糕师的用心和满满惊喜。

TOGO taco：大学路93—95号

这是一家每天播放《老友记》的墨西哥餐厅，装修设计透露出颜色浓郁、粗犷质朴的美洲乡村风格。Taco是传说中的墨西哥卷饼，店中牛肉Taco和墨西哥风味披萨是人气主打，玉米卷饼嚼劲十足，混合馅料新鲜馥郁，还有独家辣椒酱佐餐，一顿下来超满足。

松饼假日：大学路289号

主打松饼的一家店空气里弥漫着甜蜜的气息，焦糖苹果松饼和香蕉核桃松饼非常受欢迎，而榴莲松饼也获得榴莲党的一致点赞。如果想吃咸的，还可以选择三明治、意面等。

长江路

Chang jiang Rd.

W → E

当年钢铁厂的遗存　今天变身生机勃勃的文化创意园区

长江路在宝山区陆境东南部，东起逸仙路，西接长江西路

夜半时分的长江路，那些工业遗存和周围的居民楼一起沉沉睡去。到了第二天早上，那些厂房、铁轨、汽灯、扳道器、小火车会渐次苏醒，变身一个生机勃勃的创意园。

“构成城市的，不是其物质本身，而是她的空间量度与历史事件之间的关系。”卡尔维诺在《看不见的城市》中写下的话，恰好适合作为长江路记忆的开篇。

40 多年前，长江路边错落有致的宝钢厂房，还是一片农田。从 20 世纪四五十年代遗留下来的钢厂老设备跟不上发展脚步，上海每年要调进 300 多万吨生铁，中国的钢材也大多依赖进口。直到 1978 年改革开放催生出的宝钢，成为中国第一个新型现代化钢铁基地。

吴淞“南为上海门户，西为苏常藩篱，乃东南第一险要”，国内未曾有钢厂选址出海口的先例，软土层如何处理、附近没有矿山等问题，让宝钢“难产”了整整 7 年。鸦片战争陈化成抗击侵略、抵御外敌，打下了宝钢第一根钢桩。依托于上海强大的基础设施，襟江带海的宝山跃上了长三角经济发展的前沿。从 1958 年上钢一厂在 255 立方米的小高炉开始发展炼钢产业，到 1985 年宝钢从 4063 立方米的高炉中产出第一炉钢，现代钢铁之路在这里走了整整 27 年。

在产业结构调整的时代浪潮中，宝钢存量巨大的工业遗存何去何从，也成为了社会聚焦的热点。工业遗产不是一张白纸、一个空壳，尤其是宝钢这样在钢铁工业中举足轻重的巨人，如何记录它的事件、人物、故事……将成为地块转型、通向未来的关键。

文创“垦荒”，从产业集聚区到开放艺术社区

上海新一轮城市总体规划中，吴淞地区定位为未来城市的副中心城区，长江路地块更将是上海美好生活品质的重要典范。3.25 平方公里令人望而生畏的炼钢厂房、炼铁高炉、煤气柜、冷轧厂房，如何成为温柔可亲的美术馆、音乐厅、大学？

类似的问题也曾困扰着入驻长江路另一头的中成智谷。“比起市

中心，长江路地块彼时唯一的优势就是成本低。”上海创意产业中心副秘书长周琼瑞介绍说。淞沪铁路曾专门为这里的上海援外仓库延伸一小段，从长江路边源源不断地将援助物资输往亚非拉国家。但随着政府购买服务模式的出现，不再需要集中式仓储，曾经繁忙紧张、热火朝天的景象，逐渐凋零败落。伴随着小商小贩、低端仓储的入驻、无序使用，这里逐渐成为社区矛盾突出、居民绕路走的“脏乱差”地段。即使动过打造“一站式家居服务中心”的念头，市中心也有类似的商业中心可以满足需求，如何说服顾客来宝山呢?

2007 年，驰骋上海文创界多年的上海创意产业中心秘书长何增强也被这个问题难倒，但直到 2013 年，文创环境带来的附加值，让许多企业重新思考了长江路地块带动周边转型的可能性。“上海创意园区发展模式经历了几个重要阶段，从最初的物理空间简单集聚，到产业要素的集聚，到现在突破空间囿限与产业分割，满足人们对文化和精神领域的追求。”何增强透露，“只有产城融合才能构成满足年轻群体办公生活需求的完整生态，让人能在城市与自然、人与社会、工作与生活、办公与休闲之间自由穿梭、灵活切换。”中成智谷不仅不标榜“廉价”，相反还以文创附加值的提升，创造出优于周边市场的更高社会与经济价值。

转换思路的第一步，是去除围墙，以较低成本向文创企业敞开怀抱，免费成为面向周边乃至更大范围内居民的开放社区。云·space 秀场、星球影棚、UPBOX 足球场带来的每年上百场综艺节目录制、小型演唱会、品牌发布会、选美比赛等多样文化活动，为中成智谷聚拢了人气和流量，成为名副其实的人文街区。长江路的定位，陡然成为朋友圈时尚的代名词:“走着走着，就偶遇正在这里拍摄的明星艺人”。在美术馆、展厅、私藏博物馆、四叶草堂等文化场所的簇拥之中办公，自然而然也成为令人自豪的事，中成智谷引来了微盟（国内最大微信公众服务平台）、唯一视觉（国内最大旅游摄影集团）、OMG

电竞俱乐部等一批“创新创意创业”的优质企业，使这里成为三创园区的高地。

原先高高竖立的围墙被“拦腰截断”，拆下的半截围墙，在林荫中铺成了一条长长的石板路。这条隐秘幽静的小路，不仅大大缩短了3号线地铁站与园区的距离，沿途的铁轨、汽灯、扳道器、火车栈咖啡馆、西部牛仔小火车、火车菜园，也连起了长江路的历史和未来。百年铁路在高低错落的绿丘、四季各异的花木、绿草茵茵的足球场、行为艺术雕塑的掩映间，洗去了钢筋水泥的生硬，化为庭院内的动人景观，任由思想在大尺度空间、低密度建筑中漫游、迷路、感受凉风。漫步园区犹如漫步景区，成了上班族们的享受。与不少办公楼下班后就成为荒凉的“无人区”不同，中成智谷没有“熄灯时间”，源源不断地吸引附近居民前来健身锻炼、网友慕名“拔草”和新人拍摄婚纱照片。

从艺术产业集聚区作出差异化定位，打造艺术居住区，也是在长江路580号的宝武不锈钢厂工业遗存上，建立上海大学上海美术学院的开放式大学的初衷之一。人们印象中的钢铁厂，脱不出笼罩天空的烟雾，沾污房屋的煤灰，嘈杂的集装箱卡车轰隆隆驶过颠簸不平的街道……但无论专家学者还是普通访客，踏入宝武不锈钢厂的第一印象都是“震撼”：大道宽阔齐整，不闻轰鸣，不见尘埃，只见蓊郁绿意。从20世纪90年代起，“乳白色似云天一抹的‘炊烟’，衬上远处雄浑舒缓的长江入海口”的景致，每年就吸引4万多游人参观。如此壮阔悠远的现代田园风景，未来也将继续消融校区、社区、景区的隔阂，弥补城市功能的不足。上海大学上海美术学院执行院长汪大伟说：“吴淞国际艺术城不仅是国际艺术家的居住地，也是美院人才培养的课堂，在满足专业教育的同时也应向社会大众敞开，为居住在这儿的所有人（3岁至90岁）提供艺术学习和创造的无限可能。未来的美术教育不再是职业化的专业教育，它是面向人生命全周期的创造力培养的教育。为人的创造提供无限可能。”

“带有时代记忆的工业建筑，不存在知识门槛，任何人都从中获得自由的文化体验。”英国泰特美术馆馆长弗朗西斯·莫瑞斯到访时，曾表示非常欣赏吴淞国际艺术城的开放性。相对“原始”的工业与精致的艺术展览结合，能更好地与本土文化互动，推出响应公众需求的艺术、营造文化家园的归属感，推动周边地区乃至整个城市的发展。

美育复兴，在艺术怀抱中引领城市新生活

汪大伟认为，宝武不锈钢厂向吴淞国际艺术城的转型，为用艺术“开荒”引领全新的生活方式，从而解决当前地区发展瓶颈提供了绝佳机遇。

吴淞国际艺术城将打造的，是学习者、创造者、生产者、消费者、传播者“五位一体”的多重角色生活方式：“对美好生活的向往是所有人的追求。当人们把创造作为人类生存的第一需求时，实现人的创造价值成为人们生活的价值追求。3 岁的孩子有创造欲，90 岁的老人也有创造欲，只是表现的方式不一样，未来的美术学院为他们提供实现创造价值的无限可能。因此生活在艺术城的所有人都是美术学院的学生。学习者通过创意实现作品创作，成为创造者，作品可以延伸成为产品，成为生产者。在参与学习、创造过程中作为个人也要消费，成为了消费者，艺术城的大量资源，包括交易市场、画廊，为艺术消费提供了各种可能。依托整个艺术城的国际地位，在其中生活、居住、工作的人也是艺术传播者。他们既是学习者、创造者又是生产者、消费者、传播者。一个人同时承担着五个社会角色，不再因社会分工不同而分化成不同人群、不同生活追求和不同生活方式。”

宝钢历史陈列馆中，有一幅巨大的写实油画《通勤车上》，表现曾经的宝钢人为了尽快掌握新技术争分夺秒，就连上下班的通勤车上也抓紧时间刻苦学习。而未来，喜欢这座艺术城的理由，或许也不在于它有多少看得见的风景，而在于它能让现代人悟出的问题与答案。

上海大学上海美术学院建筑系主任刘勇介绍，未来吴淞国际艺术城除美院外，还将依托博物馆、艺术馆、美术馆建设中学、小学、幼儿园，以及高年龄段的艺术教育。“人们在日常生活中需要获得更丰富的角色体验，艺术将提供支撑，终身教育、多重要素和艺术为美是上海国际艺术城发展规划的三个着力点。”

在刘勇的设想中，美术教育将不单是技术性教育，更应该是从 3 岁到 90 岁，全年龄段地培养创造能力。所以在整个空间构架里，要打破现有行业为划分的专业设置，这个有机混合体的建筑离开不锈钢厂区域是不成立的，它应该具有独特的个性，是上海美院独有的意境和氛围。

百年之前，吴淞曾是上海高等教育的摇篮，中国公学、复旦公学（复旦大学前身）、同济大学、吴淞商船学校（大连海运学院前身）、江苏省立水产学校（上海水产大学前身）、第四中山大学（上海医科大学前身）先后在此落地生根，高等学府人文荟萃、群贤毕至。日本发动侵华战争后，大学城的校舍不幸被夷为平地，徒留水产路、同济路等空名。但记忆的潮水继续涌流，城市如海绵一般将它吸收，膨胀崛起。改革开放后，上海第二冶金专科学校、上海第一钢铁厂职工大学、宝钢职工大学等高等院校再次从这里推动钢铁业突飞猛进。

而当工业几乎发展到物质的终极，很难想象还会演变出新的形态；如今，在艺术教育的怀抱中，人们再次听见了城市“蝶变”的声音。桐城派文人管同的名篇《宝山记游》中，曾记叙吴淞“风涛汹汹，直逼枕簟，鱼龙舞啸，其声形时入梦寐间”，令人“洒然快也”。长江路转型升级的新一轮“海天旭日”，将获得更多世人瞩目。

相关链接

长江西路：“张庙一条街”重生

黄浦江底最大直径隧道长江路隧道通车后，长江路成为了贯通宝山和浦东的城市大动脉。其实在半个世纪前，络绎不绝的景象，也出现在长江西路。

“北有张庙一条街，南有闵行一条街”，长江西路最早修筑于1938年，过去就叫张庙路。1959年修缮后，成为闻名全国的工人住宅区、上海展示社会主义建设成就的窗口：参天的樟树梧桐、整齐的四层居民建筑，以及上海最宽的六车道50米路幅，连市中心都自叹弗如。20年间，长江西路接待了来自100多个国家和地区的访客10万多人次。

20 世纪 80 年代后，“张庙一条街”逐渐盛况不再，老字号商城陆续拆分出租，工人社区也在商业楼盘兴起后稍显破败。直到 5 年前完成整体改造，这条蜚声国外的老街才重塑原貌，沿路车间厂房情怀依旧，也有新的看点。

上海玻璃博物馆：长江西路 685 号

原为上海玻璃仪器一厂的旧玻璃熔炉车间。2011 年开馆后，曾被美国 CNN 旗下网站评为“中国最不容错过的三个博物馆之一”。从“万花筒入口”“历史长廊”“玻璃屋”到“古玻璃珍宝馆”，作为中国玻璃工业最发达的地区之一，上海不仅保存了玻璃工业旧址的躯壳，还留住了玻璃制作流程和工艺中弥足珍贵的故事。精心设计的博物馆中，经常举办冷热玻璃工作坊、玻璃制品 DIY 等互动体验活动，让家长能带孩子一起亲身体验工业遗产的社会文化和美学价值。

吴淞工业区展示馆：长江西路 255 号

上海国际节能环保园附近，原为上海铁合金厂，曾消耗上海二百分之一的电能。2006 年停产后，该厂和世博动迁项目遗留的废旧钢铁，经艺术家设计改建为国内首家以钢雕为主题的后工业生态景观公园。1500 平方米的巨型展厅展示了吴淞开埠以来发展成为上海重要工业基地，以及由此造成环境污染、重新整治的百余年沧桑历程。

春光饭店：长江西路 1230 号（原为 610 号）

是张庙一条街最早的饭店。1960 年初建成开业，取名“春光”。当时从市区前来宝山参观“张庙一条街”的市民络绎不绝，平日客流量就在千人以上，国庆期间来春光饭店用餐的人数，每天更是高达 3000 人次以上，果然春光这边独好。虽然敦煌布店、凯歌钟表店、凤凰理发店、迎春照相馆等与春光饭店同期开业的张庙老字号业已消失，但重修后的长江西路重新引入了杏花楼、振鼎鸡等老店，也颇受欢迎。

Cao yang Rd. 曹杨路

映射上海产业升级
从单一“工人新村”到多功能文化群落

曹杨路在普陀区中部，南起曹杨路桥，北至桃浦路

午夜的曹杨路似乎是观察上海城市变化一个切片，从最早因地处“郊区”成为工人新村的选址地，到后来日渐热闹成为批发市场的聚集地，午夜排挡名声响亮，再到陆续迁走市场开始以生态、商务为主题推出新的规划……午夜曹杨路的动静变化折射出城市发展理念的变迁。

在上海普陀区有条南北向的马路，从市区向外的方向起于曹家渡，止于杨家桥，由此而得名“曹杨路”。改革开放41年，上海从全国最大的轻工业城市，逐步实现产业升级，转向以高端服务业引领，先进制造业和现代服务业并重的产业结构。漫步在曾经是产业工人聚集地的曹杨路上，回望转型期的点点滴滴，也见证着城市的进化与蜕变。

曹杨一村：从建成那天起就已经“对外开放”

上海最早的工人新村，就是始建于1951年的曹杨一村。如果说石库门建筑承载着老上海的回忆，那么或许可以说工人新村承载着1949年后新上海的历史记忆。学者张闳曾经说：“以曹杨一村为代表的工人新村其实比石库门更能代表上海，这里面代表了一个时代的文化精神，影响了当代中国城市文化的基本构架。”——这种说法或许有人会争议，但谁也不能否认工人新村留给上海的深刻历史印记。

20世纪50年代，为解决大量产业工人居住问题，由上海市政府建造了一批新型市民住宅，最早建成的曹杨一村社区环境可以说是其中翘楚，它从开始规划时就引入“邻里单位、花园城市”的设计理念，新村内环境优美，即使和今天的商品房小区相比也不遑多让。当时一首描绘曹杨一村内景象的杨柳青歌谣传唱全上海：“曹杨新村好风光哦，白墙壁，红屋顶，石子路铺得平，哎哟走路真称心……”

曹杨一村建立后，很快成为第一批外事单位，承担起接待外宾的任务。到改革开放后，曹杨一村这种“对外开放”的功能更加凸显。1981年9月2日，美国总统卡特携夫人造访曹杨一村后评价说：“我这次在上海的参观中，最愉快的事是在曹杨新村托儿所及在居民家里与主人交谈。”

从20世纪90年代初至今，曹杨一村接待外宾的参观项目已经有好几十档，如做一天曹杨人、中国烹饪基础一日通、家庭聚餐、逛农贸市场；还有“老妈妈合唱团”的唱歌表演、教外国人打太极拳；进行高雅艺术交流的绘画书法、幼儿教育；以保健为目的的中华养气功、曹杨之春针灸医疗；旅游观光的乡村一日行等等。许多外国人特意来曹杨一村吃上海家常菜、住居民家，体验原汁原味的上海人家生活。据统计，60多年来，曹杨一村先后接待155个国家和地区的宾客。有媒体采访到过这里的外宾，外国人评价：“我们从曹杨新村的变迁，看到了上海乃至中国改革开放的成果。”

不过，从曹杨一村到曹杨八村都是在20世纪50年代建成的老式小区，普遍采用煤卫合用的方式，加之房龄长、缺乏维护，到改革开放后曹杨新村的居住条件已经远远无法和新式商品房相比。为此，普陀区政府也不断投入资金进行旧房改造，只有独具特色的曹杨一村成为首个被列入历史保护名录的1949年以后建造的建筑，保持了原貌。与房龄一同老去的还有房屋的主人，曾经肩负起上海乃至全国经济建设重任的工人一批批退休，曹杨新村面临着老龄化程度高、外来人口多的新情况。

针对新情况新问题，普陀区规土局为曹杨新村区域制定了整体规划方案。曹杨新村在设计之初就有一条环浜，依靠原有自然水系而建，长度大概有2200多米。几年前，这条环浜已经被列入城市更新项目。计划围绕环浜，把当中一些断头地方打通，建立更多的亲水平台，并配备沿岸座椅、健身步道等公共设施。新的规划着力加强生态绿地、文化设施、堤岸修缮、滨河空间贯通等环境建设，让曹杨新村成为延续历史文脉、展示海派精致、体现城市活力的地标。

沪西工人文化宫：从小商品集市到普陀区新的文化地标

与曹杨新村同样在上海产业升级中经历着蜕变的，还有沪西工人文化宫。

20 世纪 60 年代，刚建成不久的沪西工人文化宫曾是上海面积最大的园林式工人文化宫，也是 1949 年后上海第一批重大群众文化设施建设项目。这里一度被誉为“广大职工精神殿堂”，平日有很多展览和活动，规模和影响力很大，曾是很多上海市民儿时最爱的游玩文化娱乐地标之一。

改革开放后，沪西工人文化宫紧跟时代发展的步伐，新增 12 个景点，添置激流勇进等大型游乐设施，相继成立美术、摄影、集邮、书法、影评、书评、钓鱼等爱好者协会。

对家住沪西工人文化宫附近的“70 后”“80 后”“90 后”而言，这里曾经是放学后的乐园，是休闲逛街、品尝美食的商业中心，是购买花鸟宠物的贸易集市。这里还有诗歌、戏曲、棋类、表演活动，每逢重大节日还有游园晚会。

不过，改革开放后，上海曾经以产业工人为主的就业人群结构发生了变化。“20 世纪 50 年代，沪东工人文化宫、沪西工人文化宫的所在地，产业工人集中，比如上海的纺织企业，一度达到 50 万产业工人，现在则整个纺织产业早已经历变迁，大规模的纺织产业工人在上海几乎不存在了。”上海老建筑研究专家娄承浩介绍，“那么，当年的工人文化宫就面临如何适应新的社会环境的问题。”

上海的产业结构在 1999 年超过临界点发生了质变——第三产业 GDP 超过了第二产业 GDP。产业结构的调整带来的是就业人口的结构调整，根据上海市统计局资料显示，2000 年前后高学历人才在第二产业中就业快速下降 13.3%，在第三产业中就业快速上升 13.1%，上海高学历人才向第三产业聚集的趋势明显。

也就从这个时期开始，上海各处商圈快速崛起，成为市民新的休闲购物、文化娱乐中心。相比较之下，沪西工人文化宫从外貌到活动内容都显得比较老旧，对年轻的白领人群的吸引力不足。并且，随着商铺出租越来越多，沪西工人文化宫已经从曾经的沪西休闲文化地标慢慢演变成小商品集市了。

从 2015 年开始，普陀区规划和土地管理局网站公示了对沪西工人文化宫城市更新的方案。项目完成后，这里的建筑面积超过 12 万平方米，围绕综合交通枢纽等设施整体开发，打造一个集娱乐、休闲、文化、体育为一体的艺术交流中心和文化展示中心。今后这里会建成上海市北部城区最大的拥有 1800 个座位的剧院，会有更多文化展演满足不同群体观众的艺术需求。此外，新的沪西工人文化宫还将整合图书馆、健身房、多功能厅等多种文体设施。

同时，在保留原来的水系和功能绿地的基础上，也将提升人文景观和绿化环境的品质品位，比原来的沪西工人文化宫绿意更浓，为普陀区乃至全市增添一座新的文化地标。

建设之中的曹杨路：
从曾经的批发市场到文化休闲带

如果在几年前，有人愿意把曹杨路从头走到尾，再问问他印象最深的是什么，得到的回答很可能是“批发市场多”。

普陀区被称为上海“西大堂”，交通四通八达，是连接内地与上海货运的重要集散地。普陀区独特的区位优势和“内联外引”的传统优势，使得普陀区在改革开放后形成了多达 106 个批发市场。作为普陀区的主干道之一，区内规模最大、名气最响的几个批发市场几乎都在曹杨路：曾经不少上海人吃海鲜会去铜川路水产一条街，买多肉植

物会去曹家渡花市，买水果去曹杨路水果批发市场……

但是这些批发市场在带给市民优惠便宜的商品同时，也带来噪音扰民、环境脏乱差、火灾隐患等多方面弊端。据统计，曹杨水果批发市场关闭后，这里 110 的报警量同比下降了 30%，每天产生的垃圾也从 25 吨减少到 1 吨左右。这些简单的数字足以说明问题。

应当说曹杨路上的批发市场在一定历史时期内为繁荣经济、方便市民生活发挥了重大作用。但随着上海的高速发展，区域性调整成为城市发展的必然课题：2015 年，曹杨路水果批发市场关闭，未来这里将建设成为一个绿色生态商务园区；而铜川路水产市场也于 2016 年 10 月关闭，今后此处会建成名为“明日光谷”的生态绿地。2017 年 12 月，曹家渡花鸟市场关闭，未来这里将被整体打造成文化休闲区。

曹杨路上的批发市场一家家关闭了，提升了曹杨路的街道景观美感，减少了对附近居民的生活影响，却没有降低居民的生活便捷程度。上海经济快速转型，拥抱创新与“互联网 +”，原先批发市场的功能被移动互联网取代。需要新鲜水果、水产品、鲜花、宠物饲料时，简单在提供本地服务的购物 App 上按几下，各种需要的商品就能送货上门。一些原先在曹家渡花鸟市场经营的商贩，一个个地开通了微信公众号，自己做起了电商。

40 多年过去了，曹杨路的变化映射着上海产业升级的过程。如今的曹杨路规划正着力于改善区域面貌和环境品质，努力建设生态文化休闲带和文化公园；有机整合曹杨新村和沪西工人文化宫这样的历史建筑，留住城市记忆，建设独具魅力的文化艺术及商业街区。“建筑是可阅读的，街道是可漫步的”，日新月异的曹杨路正飞速向这个目标前进。

相关链接

曹杨地标有哪些?

曹杨新村

上海普陀区曹杨新村，是新中国成立后的“第一个工人新村”，首批入住的居民几乎全是劳动模范和先进工人，“劳模村”的美誉也因此传扬开来。1953年，曹杨新村街道成为国家首批外事接待单位，1992年被国家旅游局列为全国旅游观光14条专线之一。

曹杨一村在规划图上就给绿地建设留出了充沛的空间，建成以后，这里成了一个公园般的工人新村，红瓦白墙的小楼掩映在绿树丛中，房前屋后到处是鲜花盛开。这里的绿化覆盖超过了30%。

从20个世纪80年代起，一大批多层和高层住宅拔地而起，曹杨新村大变样了。如今的曹杨新村已成为一个现代化适宜居住的大型社区，曹杨一村则成为上海的历史保护建筑。

沪西工人文化宫

沪西工人文化宫始建于1959年，曾是上海面积最大的园林式工人文化宫。在很多上海人的记忆里，这里曾是儿时最爱逛的游玩场所

之一，其简称“西宫”更是家喻户晓。随着时代变迁，“西宫”的一部分成了以服饰、礼品、鞋帽经营等小店铺组成的市场，但这里仍是周边居民休闲娱乐的去处。

不过，由于功能定位逐渐落后及部分建筑存在安全隐患等原因，市委决议，市工人文化宫将搬迁至此，原“西宫”的相关功能定位和文化设施需重新定位规划改造。根据普陀区最新的规划公示，“西宫”与巴士电车公司武宁停车场地块及周边将大部分拆除，新建市工人文化宫，其中包含1万平方米以上的集中绿地，保留小部分现状建筑。同时在曹杨路地铁站5号口处新建曹杨路公交枢纽，包含一座140米高的商业办公楼。

目前，沪西工人文化宫改造工程正在紧锣密鼓的施工中。

沪西革命史陈列馆

沪西是上海较早建立近代工业，产业工人较为集中的地区之一，也是中国工人运动发源地之一。沪西革命史陈列馆陈列展品为1919年至1949年在沪西地区所发生的重要历史事件和共产党人的战斗史照、革命文物，计有150余张照片、1万多字历史资料和10多件实物展品，再现了沪西革命斗争的悲壮场面。

Lao wai St. 老外街

W → E

当年毛泽东 101 专列停靠站，今天海纳百川的休闲地标

老外街地处长宁、闵行两区分界线上，东起虹许路，西至虹梅路，长约 500 米

02:00

老外街越夜越热闹……这里不仅老外多特色餐饮多，还是 AAA 级国家旅游景区。“老外的客堂间”——类似老外街的社交文化的引入，也正在上海孕育出越来越多的“通宵业态”新样式。

这条位于虹梅路临近延安西路，本来只是一条铁路。

这条位于虹梅路临近延安西路的马路，曾见证历史——这里曾是毛泽东101专列的停靠站。这条马路也曾荒芜——铁路废弃后这里一度杂草丛生堆满垃圾。眼下，这里成了中外游人休闲消费的地标，被许多在沪外籍人士称为“我们的客堂间”，同时它也是具备海派文化辨识度的样本，文化驱动的消费新业态精准锁定“老外”，店主来自近20个国家和地区，消费者有七成是老外。

开业整整16年，闵行区的老外街是上海历史最为悠久的海外风情一条街，见证了改革开放以来沪上特色商业街区从概念走向现实，并不断获得城市发展带来的红利。

2018年上海发布《关于全力打响上海“四大品牌”率先推动高质量发展的若干意见》，提出到2020年，消费对经济增长年均贡献率保持在60%以上，打造两条世界级商街、10个国内一流商圈、20个特色商业街区等目标。从曾经的废弃铁道到如今的特色商业街区和AAA级国家旅游景区，老外街不仅是旧城改造“完成时态”的经验，更是特色商业街区建设“进行时态”的不断创新。

营造“情景消费”模式：

改造废旧铁路的头一件事儿是种树

老外街的入口处有一段铁路还有一个火车头，这并不是空穴来风招揽游客用来“拍照留念”的景点，而是对一段过往的记忆。

老外街旧址原本是一条铁路专线。专线名为徐虹支线，联通徐家汇凯旋路小虹桥路火车变电站和虹桥机场，它还有个内部称号“101专线”。1971年9月10日，毛泽东临时决定改变当天下午的行程，未在事先安排的顾家花园车站停靠，而让专列停靠在虹桥机场这条运输

专用铁路的车站上，从而挫败了一场阴谋。

时过境迁，20 世纪 90 年代，随着上海高架轻轨明珠线的建设和沪杭铁路内环线的全部拆除，徐虹支线停运。尚未拆除的铁轨无人维护，渐渐淹没于荒草和垃圾之中，甚至还有人在这里安营扎寨。有附近居民从楼上往下看，说这样的场景“就像是一片滚地笼”。老百姓有意见，政府动真格要改，于是，引进社会资金、社会企业参与改造的方案浮现出来。

“铁轨两边的居民楼相隔很近，通道最宽的地方 19 米，最窄的地方 16.9 米。商业规划能在这里实施？”上海老外街商业投资管理公司董事长张亚江回忆起 1999 年第一次看到老外街时的情景，当然那时这里还不叫老外街。此前，已经有一家企业提出了开发方案，但因难以实施而告吹。的确，这里一不靠大马路，又不足 500 米，只有两个出口，中间能够建造房子的空间很小，也就是说地段和自身条件都不够好。

“如果能闹中取静重塑环境，就能把短板变成优势。”接手项目后，张亚江他们发现，随着改革开放步伐的加快，虹桥地区已经有许多外资企业的员工和高管居住，然而相应的为他们提供休闲消费的场所却难觅踪影。难道酒店大堂和酒吧不能成为老外的休闲场所吗？“许多长期住在上海的老外，需要一个类似客厅的消费环境，比酒吧的感觉更居家，比饭店的空间更开放。”泡在虹梅路一带，基本了解了区域内老外的生活状态后，开发团队又造访北京三里屯等地，看看已经成规模的休闲消费场所是如何运营的，就这样在一番摸底工作之后，这家民营企业决定将这条废弃的铁路打造成具有休闲感的客厅。

“接盘”后的第一件事情就是种树，如今老外街上粗壮的香樟树，就是当时从外地移栽过来的，为了营造亲近自然的氛围，移栽时树木就已经有 15 年左右的树龄，如今这些常绿树木更为茁壮，尤其是香樟树，巨大的树冠更是遮天蔽日。有了树，修了路，又陆续搭起了商铺，废弃的铁路颜值有了大幅度提升，用当下流行的表述就是营造有休闲感的“消费情景”。

小门店背后有大名堂：是老外的“客堂间”，也是海外休闲消费展示橱窗

既然新的需求带来了新的市场，那么如何为新市场提供适销对路的新产品和新服务？一家家有着明显地域特色的餐厅又利用这一方天地做出了什么文章？

首批招租时，有 400 多家商户报名，但是经过开发团队的考察，只留下五六家。“很多商家概念很好，但是没有特色，就被拦在门外。”当时，考察候选商家的方法很简单，“400 家，我们能吃的就一家家试吃”。除了“吃人家”还有“请人家”，为了区别于其他旅游项目尤其是小吃一条街等既有商业形态，开发团队还邀请特色餐厅入驻，起

到标杆的作用。用当下流行的网络语言表示，这些“头部企业”的进入拉开了和其他餐饮项目的距离，对后来老外街的形成起到了塑形作用。

如今，“唯一性”的特色依旧是商家入住老外街的第一道门槛。“除非餐厅风格完全不同，否则以同一个国家或地区餐饮文化为主题的餐厅，在老外街上只能开一家。”这里有上海第一家也是唯一一家希腊餐厅，还有最早的德国乡村西餐厅、比利时餐厅、印度餐厅等。正是这样的新供给反过来引领了新消费。70% 的经营者为外籍人士，保证了老外街地道的口味和文化特色，一店一景移步换景，充满异国情调。这也让老外街有了另外两个“70%”：消费群体中 70% 是老外，70% 为家庭聚会消费。不少长期生活在上海的外籍人士把这里当成自己的“客堂间”。

不就是吃吗？不就是老外的客堂间吗？还真不是，可别小看了老外街上的餐厅，事实上，这里的很多餐厅已经成为海外进口产品的展示窗口。

在2018年首届中国进口博览会期间，许多希腊客商专程造访了前文提到的那家叫米罗斯的希腊餐厅，为希腊丰富的饮食文化落地中国助阵。“作为我们产业链的一个重要环节，通过一个老外街上的小小餐厅展示我们集团甚至是希腊地中海的休闲文化。”希华集团总裁索菲亚告诉记者，成立于2006年的米罗斯希腊餐厅，可谓希腊产品和服务面对公众的“形象大使”——大厨来自希腊，调料和大部分食材则由专人采购从希腊运回中国，比如特级橄榄油和葡萄酒等，餐厅力求复刻希腊的专属滋味。可见，餐厅只是冰山一角，而一整套希腊饮食文化和地中海休闲方式对中国市场的期待才是这家餐厅落户老外街的理由。“作为希腊的国家名片，希华集团刚刚携旗下多个品牌产品集体亮相进博会，而包括希腊餐厅在内的三个品牌已经在上海落户。”索菲亚说，米罗斯在老外街已经经营了六七年，从一开始的尝试性展开到后来赢得越来越多的关注，她通过一家餐馆一条街看到了上海越来越富有活力，这也让越来越多的跨国企业将超市、主题文化展馆等整体“搬进”上海。

瞄准在沪的外籍人士

“朋友圈”：把一家店一条街，变成海纳百川的“文化创意园区”

从餐饮到健身，从阅读到购物，上海的夜间消费已经渐渐形成了专属“朋友圈”。如何面对后起之秀的挑战？如何与同时段成长起来的竞争者拉开差距？老外街的经营者透露，文化品牌的优势权重正在日益加强。

“‘老外街’一开始叫‘虹梅休闲街’，没改名之前还因为名字吃过亏。”虹梅休闲街在渐渐有了名气之后，附近冒出了许多冠以“虹梅”“虹桥”“休闲”的夜市，“虹梅休闲街”混在其中没有了品牌优势。

不能只是个地址“域名”，更要有个性，顺着这样的思路改名，操作起来才发现其中有奥妙——街的名称不能雷同还得有自己的特色、有品牌辨识度。中国2010年上海世博会召开前，虹梅休闲街被推荐成为外宾接待点，世博局的要求不仅有环境卫生、指示标牌方面的，更提出了知识产权上必须清晰。

当时的休闲街请来沪上作家学者一起出谋划策，最后锁定“老外街”。

不怕“老外街”这个名字有争议？

“一开始还真有人提出这个词是不是不妥，后来叶辛老师给我们打气，一是在上海称外籍人士为‘老外’有地方语言特色，二是‘老外’的称呼有缩短距离的亲切感。”新的注册商标就这样出来了。定名后不久的一次评选中，老外街被评上3A级国家旅游景区。

有意思的是，和老外街同时兴起的主打海外风情的文化休闲商业地产，许多如今已遍地开花。老外街虽然不断收到来自上海和外地开

设“分号”的邀约，至今却没有第二条老外街建成。“放缓‘复制’的脚步，是因为作为一个文创产品，老外街希望能够成为一个文创产业平台。”张亚江说，“餐饮酒吧不应是老外街的全部，文化创意对生活的浸透还有更丰富的样式。”

眼下，老外街的主干道主营美食，还有文化创意园区、主题博物馆、家具展厅式茶馆，以及艺术空间、原曲画廊亦雅雕塑等文艺小站。一份“老外街 2.0”的升级蓝图已经初具雏形，“老外街将成为集合各国文创产品开发和消费的‘生活文化创意园区’。”未来，老外街瞄准“外国人的社区、上海人的聚场、观光客的景点”的定位，将餐饮服务和文化体验、旅游、零售等多种消费模式结合在一起，将移步换景的各国风情酒吧，和一条由环保绿色材料构成的跑道串联在一起，使之成为国际文化生活园区。

相关链接

给外籍“上海人”一个喜欢上海的理由

如何给外籍“上海人”一个晚上不宅在家里的理由？丰富的夜间消费特色业态或许能成为很有吸引力的答案。

有休闲减压需求的外籍在沪工作人士，一直被认为是夜间消费的主力，面对这些潜在消费者，大排档、外卖，甚至酒吧都可能显得消费模式比较单一。老外街的成功在于营造区别于酒店大堂和酒吧的客厅环境，而在特色餐饮之外，类似小环境的营造以及社交文化的引入，已经成为越来越多书店、茶馆、健身运动等“通宵业态”的新尝试。

眼下，上海地铁多条线路周末延时，以助力夜间经济的发展，在2017年的上海购物节上，首批9个夜上海特色消费示范区也正式亮相，区级《全力打响“上海购物”品牌　加快国际消费城市建设三年

行动计划》中更是把“建设具有海派文化传承的特色商业街区”作为商业地标重塑工程的一项重要组成——夜间消费的配套政策、相关设施和载体在上海正在越来越完备和丰富。那么，什么样的社交文化或者说什么样的品牌文化才能让一条街、一家店成为消费明星，进而在满足不同人群不同时间段需求的基础上，让不同的消费业态相互导流，形成夜间消费或全时段消费的“朋友圈”？

全球顶级战略管理咨询公司罗兰贝格合伙人、大中华区副总裁江浩的一段话或许能有启发：巴黎、伦敦、纽约、东京的“后街经济”中，主街是条状，后街是块状，主街体现硬实力，后街体现软实力。比如伦敦西区著名购物街牛津街，其就有邦德街、摄政街等多条后街，它们和牛津街主街一起构成有梯度的零售业态组合：既有大众品牌、轻奢品，也不乏一线奢侈品牌。在主街 300 多家国际大型商场之外，这里既有曾在电影《王牌特工》中成为地标的经典定制裁缝街萨维尔街，还有在一平方公里的范围内汇聚了 49 家剧院的沙夫茨伯里大街，还有查令十字路这条因为《查令十字街 84 号》而和福尔摩斯的“贝克街 221B”齐名的“文艺圣地”。

不难发现，每年能吸引全球数千万游客的牛津街，不仅充分国际化，而且展示英国本土文化，将“衣食住行读”等悄然植入整个消费情景中。而老外街 101 之所以能够受到一大批旅居上海的外国人喜爱，与其既融合国际多元文化风俗，又充分展示上海的现代化分不开。打动“宅一族”让他们愿意动起来的，第一步就是营造出看得见、摸得着、听得到尝得着的一种生活方式和一种体验。

Xu

徐民路

Xumin Rd.

W → E

乡村小路蜕变为“四叶草”交通纽带

徐民路位于青浦区，东起诸光路，西至华徐东路

03:00

徐民路这条乡村小路因“四叶草”而变成交通枢纽，午夜的徐民路不曾休息，从当初的智慧建设，到如今的使命在肩，焕然一新的徐民路感觉有的是劲儿——它不仅成为进博会的交通动脉，还因为这里的地铁站每天迎来送往数十万计的进出站乘客。

在纵横交错的城市版图中，位于青浦区徐泾镇东部的徐民路对大多数上海人来说，是一个陌生的名词。几年前，这还是一条名不见经传的乡村小路——路面坑坑洼洼，两边堆满渣土、垃圾是它的常态。附近居民说，这里一到晚上就“黑灯瞎火”，除了土方车，几乎没有行人和车辆愿往这条路走。

随着西虹桥商务区的建设和中国进口博览会的召开，“灰头土脸”的徐民路终于与它的使命相逢。作为国家会展中心（上海）西面重要的交通纽带，这条东至诸光路、西临华徐公路，全长2237米的重建道路，被着力打造为兼具城市生活与交通功能的景观大道。2018年首届中国进口博贸会召开期间，“四叶草”悄然盛放，广迎四海宾客，蜿蜒向前的徐民路恰如一座阶梯，承载着人们的美好愿景，通往中国与世界友好贸易的广阔未来。

曾经让居民避之唯恐不及的渣土路，如今成了散步的好去处

焕然一新的徐民路，从简易的乡村道路变成了一级公路。如今行驶在平整、宽敞的柏油马路上，最大的感受就是“简约”。蛛网般密集的架空线已经入地，再加上繁杂的各类标识杆柱整合为统一的多合一立杆，虽然徐民路部分地段尚在施工，整体统一的风格已初露端倪。

现在徐民路中间隔离带上，每隔一段就能看到“品”字形的绿化花篮，种植的观赏植物郁郁葱葱，红绿相间的枝叶搭配缤纷绚丽的花朵，为白色的隔离带增色不少。而路边正在施工的多合一立杆有的正在准备起吊，有的已经立了起来，黑色的灯杆上则安装上了横杆。这种集路灯、指示牌、监控头、信号灯等多种功能的多合一立杆，采用的是“一杆一策”：哪根杆子上装什么，事先都有安排，因此乍一眼

看去风格统一，细节却有些微妙差别。

道路的新旧面貌折射城市的发展变迁，徐民路只是其中一个缩影。随着国家会展中心（上海）周边及全市重点保障路段架空线入地和合杆整治任务于2018年完工，从“四叶草”望去，上海的城市天际线和道路将变得更加简洁有序。

这种直观感受的背后，是各部门在首届进博会前夕历时3个月的奋战。记者了解到，国家会展中心（上海）周边，架空线入地工程共整治完成道路18.38公里，道路上方架空线入地90余公里，剪除黑缆18865米；拔除杆件960根，4条已建道路的7个路口改造前杆件359根，合杆后为169根，减少52.9%；徐民路、蟠和路、龙联路合杆新立综合杆件217根。

附近居民沈志军清晰地记得，徐民路架空线入地进入最后冲刺阶段时，清晨6点多，就能看到工人在诸光路徐民路交叉口拉起警

戒线。施工方透露，仅2018年8月7日一天就拔除了60余根13米高的电杆，以确保工程在第二天全部完工。

“我们感触最深的是原来家里只要开窗，家具上很快就蒙上一层薄薄的灰尘。”沈志军说，“进博会后，路边的渣土和垃圾不见了，居民掩鼻避让的地方成了饭后散步休闲场所。不仅徐民路的状况大大改善，整个地区的周边环境也大幅提升。”

青浦区第一座地铁站建成后，人流量最高达到每天近20万

徐民路东侧连接着青浦区第一座地铁站——2号线西延伸段的起始站徐泾东站。首届进博会期间，这里每天进出站人数近20万，是平日的三至四倍之多，但整个车站却有条不紊、井然有序。作为进博会公共交通的“主力军”，徐泾东站今年着力改善车站环境、优化客运组织及提升服务能力等方面，完美通过了“大考”，在全球各国宾客面前展现了上海风采。

时钟拨回2010年3月16日，地铁2号线西延伸段通车，徐泾东站正式启用，自此改写了青浦没有地铁站的历史。当时，徐泾东站的建设被视为强化中心城核心区对外辐射功能的举措，可以加强青浦区与核心城区及长江三角洲的联系，进而促进青浦区的新一轮发展。然而，2014年国家会展中心（上海）建成，徐泾东站站台容量并没有考虑到巨大的展览人流，加之2号线运力有限，种种问题逐渐暴露。

2015年，总人数不到20万人的医博会就曾让这一地区的交通处于瘫痪状态。

据介绍，2018年6月上旬开始，徐泾东站先后完成了服务设施改进、渗漏水整治、厕所改造、房建整修、梯级清洗、新增VRV及人工售票调整等项目，同时根据要求实施了公安指挥点、6号口防汛改造、智慧消防以及6、8、9号出入口及相应风井、直升梯装饰面改造等10多个项目。

为解决距离“四叶草”较近的6号口防汛安全隐患，徐泾东站对6号口外防汛台阶重新施工，形成水流坡度；在靠会展中心绿化栅栏侧加砌隔水墙；增设排水槽、永久性集水井及排水泵等设施，避免低洼区域雨天出现积水现象。同时，对该站6、8、9号口和相应风井、直升梯装饰面进行美观改造，装饰整体效果与展览馆“四叶草”结构造型相呼应，提升了整体形象。

首届进博会期间，徐泾东站按开幕日、专业日、公众日客流特征全面细化客运组织方案，同时根据乘客的实际需求，结合现场位置踩点，增设了包括公交站点、出租车乘车点等位置的出入口引导标识，并对大部分导向标识进行了更新，采用不同于之前的底色，以图形为主，配以简洁明了的文字说明，清晰而形象，更方便乘客查看。同时，对部分出入口自动售票机布局、数量进行了调整，在站厅部分区域增设人工售票窗口，提升车站售票能力，大幅缩短现场售票排队等候的时间。

“方便那点事”历来是公共交通枢纽的“痛点”，人满为患、脏乱差是人们对地铁厕所的一贯印象。但徐泾东站的厕所却获得了上海“最美厕所”称号，“美”在干净整洁，更“美”在贴心便民。徐泾东站相关负责人坦言，为使厕所空间更大、环境更优、服务设施更人性化，徐泾东站今年对站内的厕所进行了大规模改造：拆除原有站内公共厕所，新建男厕所、女厕所、第三卫生间各一座。改造后的男女厕所较原来的厕所空间更大，坑位数量有所增加，环境也较原先更优，同时还增设了低位洗手池。新建的第三卫生间内则设有育婴台、无障碍扶手等人性化设施，方便特殊人士使用。

> 随着西虹桥商务区的开发走向深入，更多的“徐民路”被拓宽或重建

徐民路旧貌换新颜，也是整个西虹桥商务区脱胎换骨的写照。

2010 年前，徐泾镇东部这片偌大的土地，还是静悄悄的老工业区。随着西虹桥商务区的开发被提上议事日程，这里一度成为了热火朝天的大工地，一条条像徐民路这样的道路被拓宽或新建。“举全区之力，决战西虹桥”，是当时青浦区下的决心。

2010 年 12 月，国家会展中心（上海）项目宣布落户青浦，计划三五年内形成一个数倍于“广交会”规模、超越德国汉诺威的世界最大会展综合体。此后，青浦划出了对接“大虹桥”战略的 19 平方公里西虹桥商务区——16.5 平方公里在徐泾镇，2.5 平方公里在华新镇。但实际上，西虹桥公司最初“手里没有一亩土地”，因为被划定的范围基本是已开发的老工业区。

也就是说，西虹桥商务区建设，是一场彻头彻尾的“土地二次开发”，首先面临的就是紧迫而艰巨的动拆迁任务。其中，80% 是“拆”企业，20% 是“拆”违法建筑。

2011 年 9 月起，在国家会展中心（上海）的原址上，300 多户居民在一个季度不到的时间内完成动迁，项目如期开工；一年后，附近罗家小区 400 多户居民又在 4 个月内完成动迁……西虹桥公司负责人告诉记者，从公司成立至今，“时不我待”“只争朝夕”的担当意识和奋战状态，就已在他们脑海中根深蒂固。

在青浦区迎首届进博会200天行动计划中，西虹桥商务区要完成的配套建设与环境整治工作任务共82项，总投资约56亿元。对标高标准，攻破“疑难杂症”，西虹桥商务区严格按照“一项目、一专人、一方案”的要求，逐一排定“时间表”“任务单”“路线图”“责任书”，推动各项保障工作落实落细。

经过了进博会的“高压”测试，西虹桥商务区也在深入思考能从进博会中留下些什么、延伸些什么、拓展些什么。西虹桥公司规建部部长岳宜宝博士告诉记者，着眼于完善城市功能配套的需要，西虹桥商务区重视“产城融合”的发展战略，立足“以会展为中心、以商务为主、商业为辅”的产业布局思想，推动形成“一核三区”的产业空间布局，其中“一核”为国家会展中心（上海）以及配套产业集聚区，“三区”为西部总部基地与现代金融服务业产业集聚区、北部蟠龙文化休闲与创意产业集聚区、南部特色居住产业集聚区，西虹桥商务区将全力打造成一座会展之城、科技之城、文化之城、产业之城、生态之城和宜居之城。

京东、唯品会等电商巨头纷纷把目光投放到了西虹桥商务区，谋划在此打造长三角新型电商生态集聚中心。一批目光敏锐的企业、产业与平台也已经或正在向西虹桥商务区聚集，形成一批实力雄厚、富有活力的高端产业集群。此外，西虹桥商务区拟与商务部的中国服务贸易协会签订合作协议，在中国服务贸易协会的助力下引入国际贸易服务组织、海外贸易服务机构和海内外贸易企业，政策的导向将吸引更多优秀的企业聚集于此。

Old Nanxiang St.

南翔老街

W → E

复现江南“赛苏城”

南翔老街位于嘉定区南翔古镇的中心区域，内有人民街、共和街、解放街和胜利街

清晨 4 点的南翔老街已经醒来，为了能在每天早早开张，这个时间的小笼馆已经开始忙着揉面擀面拌馅。几十年间，小笼包从餐桌“奢侈品”成为南翔的旅游文化名片，而在餐饮业之外，南翔老街正在着手开发更丰富的旅游资源。

提起南翔，世人皆知云翔寺、古砖塔、古猗园。然而历代兴衰相替，延续至今，也不过一窗风景。到了 1949 年前，南翔老街虽说依然店肆林立，另一面也现出破损民居、衰败陋巷的颓唐。

改革开放后，老街有了新发展，但年久失修的旧屋，也有不少成了危房。如何激活历史留存的珍贵遗产，用今人的方式，重现老街繁荣的风貌？当金字招牌被擦亮，传统工艺美术逐渐复原，日渐消失的回忆在欢颜笑语重新徜徉，人们才醒悟，原来一砖一瓦的风情，一直铭记在心。

从餐桌“奢侈品”到旅游文化名片

南翔小笼包，是南翔老街最著名的传统小吃，但很少有人知道，它是由“南翔大肉馒头”或“南翔大馒头”演变而来。在老街附近生活了几十年的朱师傅谈起称谓之变，说从前吃小笼“可真是件大事”：20 世纪 60 年代还用粮票买点心时，一两粮票能买 10 只“馒头”，但寻常哪舍得“开荤”？只有大户人家做红白喜事，才能难得在宴席里尝一尝这道珍馐。“南翔馒头肉馅里不仅加老母鸡和猪皮熬出来的肉冻，还要根据不同的节气，放虾仁、春笋、蟹粉这些时鲜”，记忆里的南翔馒头，一年到头吃不上几回，却让朱师傅觉得比如今更鲜美。

其实工艺并无改变，只是这道“大馒头”已经飞入寻常百姓家，成了“小笼包”，对本地人来说，也就不再稀奇。

但追寻小笼的“正统”，仍吸引了每年数百万计的游客，前往老街一探究竟。每天清晨的晨雾刚刚散去，南翔老街的小笼馆就早早开张，忙着揉面、擀面、拌馅。即使是工作日的中午，慕名而来的游客也经常在生意好的几家老店门口排起长龙。正午时分，整条老街都弥漫着醋香。

几十年间，小笼包从餐桌“奢侈品”成为南翔的旅游文化名片。为了进一步扩大小笼品牌的影响力，老街每年都会在 9 月下旬到国庆长假期间，举办南翔小笼文化展：古色古香的八仙桌一字排开，绵延百米；身穿蓝印花布传统服饰的江南美女来回穿梭，一屉又一屉热气腾腾的小笼纷纷上桌，游客们竞相举筷品尝……场面蔚为壮观的“千桌万人小笼宴”，已经成为老街著名的旅游项目。一些老店推出的“五彩”小笼新口味，也颇受欢迎。

2014 年，南翔小笼馒头制作技艺成功入选第四批国家级非物质文化遗产代表性项目名录。如何才能传承精湛工艺，不断丰富小笼文化的内涵？从清同治年间（1862—1874），日华轩点心店主黄明贤研制出的南翔馒头就以皮薄、馅足、汁多、味鲜闻名，小笼的制作手法极为考究，但很少有人能洞悉其中的奥秘，因为收徒规矩极其严苛：需德高望重者引荐，舅家担保，任师傅打骂，还有另一名前辈同意在师傅没空时代教，才能收入南翔馒头店门下。在 2015 年老街新开的小笼文化体验馆里，通过网络预约，游客就有机会跟随有 30 多年小笼包制作经验的大师傅，学习这门不传之秘：捏出小笼上的 14 道折褶、让小笼包里的汤汁流满碟，甚至包出各种独具创意的形状，都不在话下。

从“小笼街”到海派文化街

除了久负盛名的餐饮业，南翔老街也正在从文创着手开发更丰富的旅游资源，引入更多品种的上海本土美食、开发民间手工艺品。在 2017 年的小笼文化展上，海派旗袍、蓝布扎染、徐行草编、嘉定竹刻等非物质文化遗产项目也一一亮相展销，借香飘海外的“小笼”，就吸引不少游客定制。下一步，南翔老街将继续调整景区业态，用“小笼”这张名片，打造集江南饮食、文化、艺术为一体“升级版”。

连环画这门上海土生土长的艺术，就为不少专家看好。明清之际，南翔名士辈出，他们偏爱小桥流水的江南韵味，竞相在南翔修建了 20 多座园林。“画中九友”之一李流芳，可谓其中翘楚。他在南翔檀园归隐后，呼朋引伴，醉而吟诗作画，成一代名家，留下了赫赫有名的《芥子园画谱》。

檀园的原址早已不复存在。2010 年，建筑专家们根据史料文字记载重修檀园，依据其“藏而不露”“避尘嚣、寄情赏”的神韵，选址在了老街一条深巷。上海市动漫行业协会连环画专业委员会在此挂牌成立，钱谦益盛赞“琴书箫闲，香茗浓烈”的檀园，正在画坛逐渐恢复它的一席之地。

2015 年，南翔成立了以保护传承非物质文化遗产年画、连环画、宣传画为宗旨的“三画”创作展示基地。2017，画家张安朴也回到故乡，“安家”于老街不远处的德园轩，带着郭德福和乐坚等画家朋友纷纷“落户”南翔。画不尽的“老上海”系列画展、张安朴钢笔水彩写生作品展等相继在位于檀园的美术工作室亮相，相关培训项目也让檀园成为了书画爱好者们交流的胜地。

与此同时，小笼也顺利进入了画家们创作连环画的视野，如今游览南翔，已经能跟着连环漫画中的“笼仔”按图索骥。“三画”未来还能与老街文化擦出怎样的灵感火花，值得期待。

从“蟹弄堂”到“赛苏城”

推开檀园画室的木窗，近看亭台楼阁，远看唐宋风格的街市，不见红砖绿瓦的浮华，俯仰皆是木制建筑的温文尔雅。而那些被打碎的时光碎片，深深浅浅散落在那些迂回婉转的线条里，诉说着这里的变迁。

如今很少有游客能想象，在2008年老街改造之前，老共和街一段还是腥臭的“蟹弄堂”。“人民街上老字号多，商业还比较成熟，有不少杂货店、布店。但因为附近没有菜场，20世纪90年代开始就有人杀鸡宰鸭、卖螃蟹海鲜，卸下门板就当作门面。”老街原住民朱师傅讲起从前去“蟹弄堂”买菜，皮鞋、套鞋是基本“装备”，“小时候南翔只有五万多人口，除了自行车没有其他车；后来慢慢增加到十几万人，觉得街好像都变窄了。”朱师傅抬手比画：“共和街的弄堂只有那么一点点宽，水产店的污水一泼，就到了对门铺面，淌得满街都是水，穿一般的鞋子踏不进去。”

凹进凸出“蟹弄堂”，如何洗尽脏污铅华，恢复江南的幽静秀美？“南翔虽小赛苏城”，老街改造时设计规模不大，却志在恢复唐宋时南翔的鼎盛之景。自古以来，这里就商业繁荣、百业兴旺，被誉为东南都会“银南翔”。然而日寇侵华，几度遭遇轰炸，繁盛风情大多湮灭于炮火风尘中；后来沿街修了一些低矮的老公房，马路几次翻修之后，房基已低于街面以下，进门都要顺着台阶往下走，居民颇觉不便，才纷纷出租给了菜贩。

而如今，梅兰竹菊、福禄寿喜等吉祥的花样，拼成一条古意盎然的石板路；两边弯曲宽窄不一的边边角角，则用小青砖点缀。所有现代的电力、自来水、排水和电信管线都埋到了地下，街面上仅留几个表示功能的小标志：“天上看不见一条线，地上看不见一条管。”历史似乎在此定格，在“修旧如旧”的古风遗韵中，婉丽不亚于苏州。

普通南翔人走过的足迹，在老街改造修复后也有所保留。在檀园园林深处，有一座天井格局暗三层的小院落——南翔人家。除了砖雕“上善若水”的石库门、红木漆架子床、装饰精巧的厅堂，还专门留了一间颇具烟火气的烧柴老灶间。本地人笑称，看见这大锅，就会想起小时的土灶焖菜饭。淡然清新的茶香，以及记忆深处的饭菜香，勾出了 300 多年的兴衰历史。传统的文人雅致与蓬勃发展的当代气息，都在老街这一隅汇聚：檀园之外的现代建筑、园内处处精巧的古典设计，以及生机勃勃的南翔人家，出尘入世之间，给人不尽遐思。

老街的特色，正在奇妙地融合。除了熙熙攘攘的游客，沿街商铺的背后还生活着不少原住民。古建保护专家阮仪三对此评价很高，认

为南翔老街保护改造为上海留存并复兴了古镇老街，使之成为上海郊区最漂亮的老街之一，这里不仅留下了历史，更富有情感。过去南翔有元宵夜“走三桥”的习俗，民众相信走过老街的太平桥、隆兴桥、吉利桥，就能消灾祈福，取个好口彩。而这一幅幅饱含美好冀望的生活图景，都特意刻在了老街尽头临水的烟雨长廊内。昔时舟船往来、水路集散的繁荣景象，以及当年码头工人的辛苦劳作，长廊内一步一景，步步都踏过了无数沉淀。

缘起缘灭，城市里有很多的历史印记，都不可避免地在飞速发展的潮流中淹没。所幸在沧海桑田之中，老街留了下来。伴着木板门吱呀作响的开合，回荡在吴侬软语的韵律间，石板路明明暗暗，从哪里来，到哪里去，渐渐有一份明白。

早起喝早茶，午后听说书　老街惬意的江南生活

槎溪书场是南翔老街有口皆碑的老字号文化品牌，评书演出几乎场场爆满。“奴是梦绕长安千百遍，一回欢笑一回悲，终宵苦醒在罗帏……”吴侬软语吟唱的水乡情调，是南翔温馨甜蜜的传统生活方式。“三五个知己老友，五六点钟到茶室吃一碗光面，有时茶叶杯具他们都自己带，付两块钱就能坐一上午。条件好点的呷两口黄酒、老白酒，配上花生、白切羊肉。”老街景区负责人表示，早起喝早茶，下午听说书，几十年来都是当地人退休生活的“标配”。

20 世纪 50—70 年代，老街曾有两家书场，但设施陈旧，一到冬天就四壁漏风。电视普及后，“夜书”的听众日益减少，书场也先后关闭。但没了书场，老人们似乎也“流离失所”。2011 年，原南苑书场改名槎溪书场在老街重开，邀请了张碧华、姜永春、陆嘉乐、司马

伟、高博文等评弹大家登台献演。

但作为沪郊知名文化品牌“五星级书场”，槎溪书场负责人却坦言，希望不要多宣传了。游客只是听个新鲜，不少老先生却为了中午11点开始售票，经常一大早从青浦、宝山赶来排队。“书场因为是木结构，消防安全要求特别严格，考虑到万一疏散老先生腿脚不便，人太多了有危险。”

为何槎溪书场如此受到追捧？书场在广播、电视等媒体迅速地更新换代中，已逐渐在上海销声匿迹，而硕果仅存的几家也多为了生存而附带做些餐饮生意，氛围远逊于槎溪书场原汁原味的江南风情。踏足老街书场的过客，无不为此间唯美的艺术氛围深深折服：雕梁画栋、花格长窗、朱红戏台，犹如一场繁华梦境；两边字画散发着书香，小三弦琵琶噔咯哩咯噔，身穿长褂的演员咿咿呀呀……宾朋满座的谈笑间，能有滋有味地听一场评书。两个小时，只要5元，包含茶资，还不时邀请江阴、苏州名家，让这里成为越来越多老人的精神家园，“有时加座都容纳不完听书的老客人”。

听不上评书，南翔人酷爱的早茶，游客还能体验一番。老街附近高平羊肉馆、集美楼、长兴楼、阿雪羊肉店等各酒馆的肥羊大面，都不输真如、江桥。其中又以西复兴的火功独到，最为出名，它的原址在老街东面大德寺附近，在抗日战争中被毁后店址西移，取名西复兴，意为衰落后再兴旺起来。西复兴沿用传统做法，选不剥皮的新鲜羊肉剔除筋骨，再以上好酱油、冰糖、茴香桂皮等复合调味，煮时用旺火转文火慢慢焖透，肉酥汁浓、略带甜味、不腥不腻。而用羊肉原卤做面汤，面条也滋味浓郁。

除了老饭店和书场，要感受老街的传统生活气息，还必须去老街上名气最响的老字号：同治年间创始的老字号大昌成和光绪年间创办的宝康酱园逛逛。

“以前孩子春游买零食都是到大昌成：干货、蜜饯、酥饼，大昌成前面是商店，后面就是加工蛋糕饼干的工厂。”朱师傅说，大昌成主营的朝板糕、寸金糖、酒酿饼，都远近闻名。自制食品之外，南北货、炒货、蜜饯、海味甚至草席，各式杂货也样样俱全。在没有超市的年代，大昌成就是南翔人最爱逛的“第一百货”。

而宝康酱园是浙江巡抚廖寿丰与湖南巡抚王文韶合资，将南翔老街上的梁宝康酱园扩建而来，当时首创了瓶装酱油，曾批发遍及上海郊县。世人皆知“葡萄美酒郁金香”，但其实郁金香酒和郁金香没什么关系，是因为酒中加了“郁金”这味中药而得名。传说王文韶回京省亲后，将其家酿的郁金香酒上贡朝廷，慈禧太后饮完大加赞许，将其列为贡品，从此郁金香酒也闻名于世。

祖冲之路

W → E

创新之力在这里无限奔腾

祖冲之路位于浦东新区，东起芳春路，西至景明路，全长约 5800 米

05:00

祖冲之路及其所处的张江，如今是高科技智慧的代名词。很多人不知道的却是，园区开发最初的那段时日，多少亲历建设者如履薄冰，夜不能寐。在这里，创新追着时间赛跑！

偌大的上海版图中，祖冲之路连同这条路上的人，都是个性分明的存在，似被印上科技属性——低调中闪烁着智慧。

以古今中外著名科学家的名字作为路名，可谓张江高科技园区的独创。在这个有“中国硅谷”之称的“科学城”里，东西向道路往往取自中国科学家之名，如祖冲之路、李时珍路、郭守敬路、华佗路、张衡路，南北向道路往往取自外国科学家命名，如牛顿路、哈雷路、居里路、高斯路、达尔文路。

而祖冲之路的特别之处在于，它将张江高科技园区划分为南北两区，生物医药和集成电路两大招牌产业遥遥相望。它也由西至东串联起地铁 2 号线在张江的三个站点——张江高科站、金科路站、广兰路站，俨然是园区的动脉线。

祖冲之路上，建筑密度很低。十几层的楼已算高楼，大多是方方正正的极简造型，颇似电子元器件的组合。这条路上令人瞩目的“高”，是创意密度。道路两旁楼房里入驻的企业，可以用藏龙卧虎来

形容："联想"，IT 行业的带头大哥；"华虹"，多少人的手机芯片来自它的集成；"沪江"，国内互联网教育开疆拓土者；"喜马拉雅"，音频分享领域的"独角兽"……不可小瞧的，还有这条路上来来往往的行人。别看不少人戴着黑框眼镜，挂着标志性工牌，背着硕大的双肩包，真就不起眼。这群人中极客、创客特别多，没准，你正在使用的产品就出自他们的研发。

祖冲之路致敬的是中国古代科学家祖冲之——凭借对于圆周率数值的精确推算值，他曾深远地影响中国乃至世界。3.1415926……无限不循环的圆周率，似为祖冲之路注入性格的基调，有起点，没终点，总有绵延不绝的创新之力从这条路上喷薄而出。

> 这条马路的从无到有，见证了一个伟大的决定，成为改革开放的铿锵注脚

祖冲之路，约莫出现在 20 世纪 90 年代中期。关于这条马路的故事，却要从 1990 年开始讲起——它的从无到有，见证了一个伟大的决定，成为改革开放铿锵有力的注脚。

1990 年，开发开放上海浦东的集结号正式吹响。位于浦东中部腹地的张江，与陆家嘴、金桥、外高桥一同被纳入早期规划蓝图，未来它将承担起高科技功能。彼时的张江，还是一片农田，留给人们的记忆点，除了红菱、雪里蕻、荸荠，就是钱万隆酱油。及至张江高科技园区开发之初，这里除了一两条机耕小道，一条像样的道路也没有，新开工的道路统统按照工程上的一号路、二号路来命名。1994 年一份浦东新区交通地名规划方案悄然出台，其中一句是这样写的："张江高科技园区，将根据中外著名科学家及一些高技术名词来命名，如'祖冲之路'。"

就这样，单单路牌就筑起张江的一道亮丽风景线。人们的视线里，骤然出现了“祖冲之路”“李时珍路”“郭守敬路”“华佗路”“牛顿路”“哈雷路”“居里路”等一连20多条致敬中外科学家的路名。这些簇新的马路纵横延伸，交织出科学的味道，也交织出一个闪光的地标。

其中，构筑起张江市政道路“经脉”的祖冲之路，最为深切地目睹着奇迹在这方热土上的发生。随着张江开发力度的推进，祖冲之路也在不断生长。新世纪伊始，祖冲之路计划建设的总长度仅为1.2公里；渐渐地，它延伸至5.8公里，由西至东串联起地铁2号线的三个站点——张江高科站、金科路站、广兰路站。

祖冲之路及其所处的张江，早已成为高科技智慧的代名词，享有“中国硅谷”之称。人们不知道的却是，园区开发最初的那段时日，多少亲历建设者如履薄冰，夜不能寐。

彼时，条件非常艰苦，脚穿一双靴子，头戴一顶帽子，腰里别着数字BP机，自己驾驶一辆土吉普车，时任张江高科技园区开发公司总经理的吴承璘就是这样把这片地跑熟的。他的一位老同事回忆道，那段时间常看到这位“掌门人”独自在办公室长时间踱步，陷入沉思。彼时，对于张江的开发有“储存张江”之说，因为其高科技的特别属性与特殊要求，开发方略需要审慎论证、研究。因而，张江是早期浦东开发开放四大板块中最后一个启动的——1992年7月“开弓”之时，承担金融贸易区功能的陆家嘴板块、承担保税区功能的外高桥板块、承担出口加工区功能的金桥板块，建设已是热火朝天，而张江还是一片“毛地”。后来的故事，大家再熟悉不过。人们在这片热土上的奋力进取，令它迎来华丽“蝶变”，也为它赢得更多瞩目——从1999年的“聚焦张江”战略，到今天张江正成为上海进军全球科创中心的核心力量。

> **那些奋进的逐梦身影，那股不竭的创新动力，是马路两旁最美的风景**

祖冲之路周边，两类企业特别集中。一类是世界级老牌的研发机构，诸如通用电气、松下、惠普、霍尼韦尔、罗氏、默克；另一类则是本土化的科创、文创“引擎”企业，诸如展讯、华虹、微创医疗、阅文集团、沪江、WiFi万能钥匙。而后一类似乎更能代表这条马路及其所在区域的特质——张江的创新，更多的是强调原创。

锐意创新的张江与人们寻求突破的事业可谓彼此吸引，互相成就。二三十年间，这片沃土孕育了多少激动人心的创业故事和令人钦佩的“知本英雄”。

2000年，浦东软件园一间50多平方米的毛坯房里，来自天南海北的4个应届大学毕业生——余波、叶军平、黄选锋、刘云军，就是在这里一人一台电脑，埋头“孵化”他们的企业。房间多少有些不堪：一块横拉着的整幅蓝布代替了窗帘；几张办公桌老旧且规格不一；矮柜上零乱地堆放着几只塑料饭盒、洗衣粉、抹布……他们笑言自己真就是“两手空空，背着书包到张江来创业的”。在这里，闪光的似乎只有年轻人脑海里涌动的创意。

祖冲之路两旁，从来不乏传奇：有在读硕士生将新鲜出炉的硕士论文变成用于中小企业生产管理的一种新颖软件产品，在这里办起软件公司，仅仅一年，产值就达数百万元；有三位计算机系同窗从北京、深圳等不同地方毅然辞职，齐聚在这里创业，公司成立仅3个月即已开发完成多种基于Linux平台的服务端产品；留美博士在这里创办的一家公司，研制出国际水准的微创医疗器械，填补了国内空白并实现产业化；草创时只有8名员工和50万元启动资本的一家公司，在这里用了5年成为资产过亿元、员工近400人的知名软件企业和金融电子商务服务商……

留在这里的，还有很多人默默挥洒的汗水。历史或许不会记住他们的名字，但会记住他们智慧闪烁的火花，奋力逐梦的身影。这些已渐渐汇成此处最美的风景，漾起激动人心的活力。

最近几年遍地开花的创新创业孵化，张江高科技园区早就在尝试了，堪称创业者的“梦工厂”。今天，这里汇聚着86家孵化器，超过2500家企业正在孵化中，近300家企业挂牌上市。

金科路地铁站南面的浦东软件园里，有家“亚洲最佳孵化器”——浦软孵化器。成立整整10年，累计孵化出400多家优秀企业，包括喜马拉雅、天天果园、七牛云、洋码头等一批独角兽企业。毗邻张江高科地铁站的传奇广场里，两家深藏于此的咖啡馆亦堪

称传奇。其中一家，是IC咖啡，国内最早也最具影响力的创业咖啡馆之一。2012年，100个IC、IT产业链的专业人士，每人拿出两万元“众筹”了这家咖啡馆，精准助推电子信息领域的行业交流与大众创新。在这里，太多怀揣梦想的创业者与迎面而来的人们天马行空地“海聊”，幸运的话，还能遇上创业路上的导师、伙伴或者投资人。创办至今，IC咖啡举办的科技讲座、沙龙不下千场，辐射逾50万专业人群，由此走出的创业团队近百个，而它自身也拓展为一个品牌，开到了全国各地。另一家，是Vπ咖啡，有的当然也不仅仅是咖啡。这里设有小型玻璃房会议室、阶梯教室以及一排靠墙的木质高椅办公空间，电脑屏幕或投影仪上折射的梦想光芒最是迷人。

“园区”向“城区”的升华，科技人才有了安居乐业的幸福感

2018年，一个繁忙的下班时段，广兰路地铁站出现了与平素反向而行的大客流。很多人不约而同在这里出站，打听着同一个地方，昊美术馆。这一天，网红艺术展“虚·构”正是在位于祖冲之路上的这一国内首家夜间美术馆揭幕。

别说五年十年前，就是两三年前，这都是不敢想象的事情。太长一段时间，祖冲之路及其所处的张江，给人们留下的印象是：上班才会去的地方。这里稀缺的不单是人文艺术气息，还有日常生活气息。

对于1994年、1995年的这一带，一位“老张江”是这样回忆的：“别说路灯，就连路都没几条。因资金和开发进度所限，许多道路都是有头没尾的‘断头路’；屈指可数的那一两条从‘城里’开来的郊区专线车，一到下午6点后也基本没了影。”2000年，尽管地铁2号线轰轰烈烈延伸进张江，被设为终点站的张江高科站在很多人眼

中仍旧像城市尽头。“初到张江，出门吃个小饭，买束小花，都煞费思量……两年住下来，附近方圆数公里内，屈指可数那几家餐馆，跟老板都熟得像自家人一样……”专栏作家石磊2007年在发表于本埠报纸副刊的一篇散文中写道。“发了工资居然没有地方可消费，完全感觉不到自己在上海。”这则是崔先生的大实话，他回想的当年，是10年前，那时他刚从家乡东北“漂”到上海张江。

这些年，祖冲之路周边的“沧海变桑田”，从打破固有印象开始——居住越来越便利，越来越诗意。2009年，科技感十足的现代化有轨电车连缀起9.8公里长的园区大小马路，起点就在张江高科地铁站附近；2010年，进一步延伸的地铁2号线在祖冲之路上新增金科路站、广兰路站，并且连通虹桥、浦东两大国际机场，与世界仿佛触手可及；2014年，金科路地铁站上方，长泰广场与汇智国际商业广场接连开业，升腾起迷人的商业、娱乐、休闲氛围……不断拓展的还有诗意的栖息空间。张江高科地铁站附近，坐落于张江艺术公园的张江当代艺术馆，目前正在筹划扩建；祖冲之路近申江路路口，隔路相对的昊美术馆与上海集成电路科技馆，交织出一种奇异的张力；祖冲之路沿张江路往北，由上海动漫博物馆变身而成的张江戏剧谷，已然成为园区文化新地标，戏剧演出与交流活动在这里有声有色地展开……这些变化正为“创意浓度”的滋养展开新的维度。

对于很多张江人来说，生活于此的幸福感还来自祖冲之路2305号，几幢如彩色魔方般的高楼。园区最大的人才公寓“天之骄子”就是这里。在有“人才高地”之称的张江，人才公寓是极富张江特色的案例，早在2000年就被用以留住人才，降低他们的居住与创业成本。在“天之骄子”，户型多达二十来种，一房一价，价格约为市场租赁价的一半，通过的申请者可以优惠价“拎包”入住两年，享用公寓，也享用众创空间与食堂、健身房等功能区。年复一年，多少人怀揣梦想搬进了这里，又有多少人从这里搬离，奔赴理想的家，更大的梦。

2017年《张江科学城建设规划》出炉，明确未来这里将完成从“园区”到“城区”的升华，不但是世界一流的科学城，更是现代新型宜居城区。10分钟社区生活圈全覆盖；卫生、医疗、文化、体育、教育等公共设施和绿地的比例大幅扩容；新增住宅建筑面积中，租赁住宅占比约97%……蓝图上铺展开来的这些图景，都是为了——让更多的科技人才在此安居乐业，迸发活力。

相关链接

这些“最强大脑”的集结，让祖冲之路成为“神一样”的马路

祖冲之路西起景明路，东至芳春路，由西至东横穿碧波路、松涛路、科苑路、牛顿路、金科路、哈雷路、高斯路、张江路、广兰路、申江路、盛夏路、张东路等主要南北向道路。这条马路像是有种特别的磁力，它的两旁“神一样”集结了一大批知名企业。

祖冲之路的西端南侧是张江微电子港。陈天桥创办的“盛大”就从这里起家。今天，原盛大文学与腾讯文学强强组建成阅文集团，占据中国网文的大半壁江山——拥有原创作品千万余部、作者阵营 690 万人、触及数亿用户，版权改编影视剧动漫屡屡“霸屏”；而盛大游戏则自立山头，继续“传奇”。网络游戏界曾与盛大游戏分庭抗礼的“第九城市”也在微电子港，那些年多少人追的《魔兽世界》就是它所代理运营的。除此之外，姚欣的“PPTV”、于刚的“一号店”等耳熟能详的品牌也都是从这里走出的。

沿着祖冲之路行至松涛路，总高 10 层的联想大厦与中国科学院上海药物研究所的几幢小楼是醒目的存在。它们一个是 IT 巨头联想集团的华东总部，一个是我国历史最悠久的综合性创新药物研究机构，都是 2003 年在此“落户”的“老张江”了。

穿过牛顿路，是常兆华的“微创医疗”。今年 21 岁的这家机构就诞生在张江，“海归创业，成功上市”是它备受瞩目的标签。也千万别小瞧与之相邻的祖冲之路 899 号。这里藏龙卧虎，“喜马拉雅”就在其中的 11 号楼。它是国内规模最大的在线移动音频分享平台，至今拥有 4.7 亿手机用户，倡导了一种全新的生活方式——用听来获取资讯。

金科路地铁站一带，浦东软件园祖冲之园与郭守敬园两个园区“大神”云集。在这里，“毕博”“SAP”等全球软件领域的巨头都有专属独栋。而用户突破 1.6 亿、估值超过 10 亿美元的“互联网教育独角兽”企业“沪江”，只占浦软大厦的两个楼面。

祖冲之路、郭守敬路、高斯路、哈雷路之间——4 个中外科学家围起来的地块是“华虹”，颇具影响力的芯片设计制造商。我们熟悉的公交一卡通、手机 SIM 卡都来自它的集成。

走到张江路，有座创意大厦。国内外网络游戏、动漫、影视制作、设计类企业争相入驻这里，其中就包括“今日动画”，这家公司将中国民营动漫产业从纯粹代工时代带向面向国际市场的动漫原创时代。

再往东去，广兰路路口棕白相间错落排列的三个“方盒子”建筑共同构成展讯中心。这是土生土长于张江的知名集成电路设计企业“展讯通信”的地盘。它以时刻“在线”的创新力，率先实现行业内多项技术突破。

过了盛夏路，相当面积的一片区域都属于“日月光”的“大本营”。这是全球排名第一的集成电路封装企业，而近年来名声在外的多家日月光广场，不过是它的房地产板块。“日月光”的对面，有家企业同样不容小觑。这便是“科博达”，国内汽车主机配套市场中为数不多的汽车电子产品本土供应商。奥迪、奔驰、福特、三菱等一大批知名汽车品牌都使用过它生产的智能、节能电子部件。

临近芳春路，祖冲之路东端的尽头，还有上海船舶研究设计院压阵。这家中国船舶工业集团公司旗下的民用船舶设计单位，辐射出了惊人的影响力，产品覆盖范围和市场占有率均居国内之首。

世纪大道

W → E

浦东开发开放的“时光隧道”

世纪大道位于浦东新区，西起东方明珠广播电视塔，东至世纪公园

从浦西经延安东路隧道至浦东，冲上地面的那一刻，往往会有一种“穿越”的感觉，尤其是一早，东升的太阳给浦东大地镀上一层金色，在速度和温度的共同作用下，这像极了浦东开发开放速度带来的“推背体验”。

从东方明珠至浦东世纪公园全长约 5.5 公里，宽 100 米。被誉为“东方的香榭丽舍大街”。

从浦西经延安东路隧道至浦东，刚刚告别外滩的旧时光，车冲上地表的那一刻，往往会有一种“穿越”的感觉。高耸入云的大楼明晃晃反射着阳光，在道路两侧依次铺展。双向八车道的超宽路面上，车流宛如汇入了浦东新区的主动脉，每个人都能切身感受到这座金融大都会律动的脉搏。

这条路，就是世纪大道。

时间在这里似乎被拨了快进，摩天楼群宛如展开一幅未来奇景；时间又像在这里慢了下来，大大小小的花园在城市中心辟出一块诗意栖居的谷地。5 公里，串起了浦东开发开放的历史巨变，也生动展示了这座城市在商业、文化、购物、旅游等多个侧面或活力或文艺的剪影。

“黄金轴线”串起上海历史，见证浦东发展的巨变

世纪大道通车于 2000 年，西起东方明珠广播电视塔，东至世纪公园，全长约 5500 米，连接起陆家嘴金融贸易区、新上海商业城、竹园商贸区和花木行政文化中心。早在浦东开发的初期，上海的规划专家就提出了建设开发功能轴的设计。今天的世纪大道，正是这条对于浦东至关重要的功能轴。

尽管“年轻”，这条路却承载了上海百姓特殊的感情。作为一条“黄金轴线”，它串起的不仅仅是全上海，乃至全中国最繁华的地段之一，它更串起了这座城市近半个世纪的变迁。

在今天世纪大道穿行而过的地方，浦东南路和东昌路的交界口，曾经有一座东昌消防中队瞭望塔。这座仅 24 米高的瞭望塔，从 1954

年建成起，至 20 世纪 80 年代中期，一直是浦东的“第一高度”。世纪大道建成后，有媒体刊发了一篇文章，作者赵解平曾在东昌消防队担任瞭望兵。他在文中回忆：当年值勤时，放眼四望，一边是工厂和居民的危棚旧屋，一边是一览无余的农田和村庄，其中还有菜场和养猪场。他写道：“改革开放的号角吹响后，浦东陆家嘴的高度开始被不断地刷新。周围林立的高楼如雨后春笋般崛起，东昌消防瞭望塔从当初的浦东‘高个’变成了‘小不点儿’，很难再发挥观察火情的作用了。”1995 年，这座曾经的“浦东第一高”被正式停用，并且在 1999 年实行了爆破拆除。

世纪大道正是建立在许许多多这样的历史印记之上，在黄浦江畔，勾勒出浦东崛起的轨迹。“沧海桑田”，说的是近乎神迹的自然巨变。而在仅仅 40 年时间内，从桑田至摩天楼群的转变，则是改革开放在上海创下的奇迹。

进入新世纪以后，世纪大道的周围还在发生着巨变。2006 年，世纪大道地铁枢纽站开通，到 2009 年成为全市唯一一个四线换乘的地铁站；2013 年，在世纪大道西端的上空，一条全长 543 米的“世纪连廊”全线贯通，连接起东方明珠、金茂大厦、环球金融中心等重要地标……

今天，花旗、陆金所、震旦等大批海内外知名企业在世纪大道的两侧云集，来自全球各地的高级人才，将这里托举成为举世闻名的金融、商业高地；沿途由正大广场、国金中心、1885 广场、百联世纪等构成的核心商圈，更让这条道路成为闪耀着时尚、购物、娱乐、休闲等多重魅力的“星光大道”。难怪在世纪大道通车前夕，中国科学院院士、中国著名建筑学家郑时龄会这样说：“世界上没有哪一座城市能以如此恢宏的气魄和建设规模去信心十足地创造未来”！

上海第一条真正意义上的景观道路，“马路花园”引人流连

德国诗人荷尔德林曾在他的诗作《远景》中，对于人类理想的居住环境进行了这样的描绘：“自然充满着时光的形象，自然栖留，而时光飞速滑行。这一切都来自完美。于是，高空的光芒照耀人类，如同树旁花朵锦绣。”正是他，提出了“人，诗意地栖居”。

荷尔德林所向往的美景，在世纪大道可以得到一一对应。这条全上海迄今为止最宽的马路，在参天的摩登楼宇之间，铺展开了一片鸟语花香、可以“诗意栖居”的绿色谷地。

世纪大道是上海第一条真正意义上的景观道路，也被称为“东方的香榭丽舍大街”，由法国的夏氏—德方斯公司设计。道路的不对称设计是世界首创，中心线不在路中央，而是向南偏移了 10 米。这一

设计使得东方路、张杨路的中心线得以跟世纪大道交会，也让人、交通、建筑的关系更为合理。

它更为人称道的一大设计特色，是把“花园建到了马路上”，绿化景观人行道比车行道还要宽。总计 100 米的道路宽度中，绿化景观人行道占了 69 米，其中北侧尤为开阔，有 44.5 米宽，沿途共辟有八个“植物园”，分别栽种柳树、水杉、樱桃、紫薇、玉兰、茶花、紫荆和栾树。园圃第一次到马路边安了家，在上海首次被引入市政工程。在人行道上漫步或是小憩，如同置身于生态花园，几乎看不到也听不到近在咫尺的车水马龙。光斑和鸟鸣从婆娑树影间漏下来，芳草鲜美，落英缤纷；远处，在高大的行道树组成的绿色屏障之上，被云雾萦绕的高厦勾勒出一条壮丽的天际线。人与环境、科技与自然的和谐胜景，大抵如此了。

路边的绿地还远不止于此。道路西端的陆家嘴中心绿地占地 10 万平方米，是上海市区内规模最大的开放式草坪，每年都有丰富的文化艺术活动在这里举行。东端的世纪公园是上海内环线中心区域内最大的富有自然特征的生态型城市公园，被誉为“假日之园”。这些公园、绿地都为游客和周边居民提供了理想的休憩、游玩场所。沿路还设置了以时间为主题的雕塑艺术作品，呼应“世纪”的路名。在世纪大道和乳山路的路口，矗立着一组名为“世纪辰光”的雕塑群，沙子在 9 根高低不一的巨型“沙漏”中周而复始地流转。在世纪大道和杨高南路交汇的开阔环岛上，还有名为“东方之光”的、不锈钢管网架结构的巨大日晷，如今依然具有计时功能。每天，时光的指针落在金属网织而成的晷面上，古老的智慧与现代的科技在这里凝结。世纪公园中的标志性景点“世纪花钟”，刚好位于世纪大道最东端的终点，以花卉作表盘、以灌木作刻度的绚丽花钟，误差不超过 0.03 秒。

宜人的环境背后，我们看不见的，是这条道路方方面面的建设者的努力。路边风景清晰明朗，没有一根架空电线遮挡视线，是因为世纪大道最早一批在上海建设了国内最先进的电缆工程，两旁的居民、企业、大楼输配电线全部入地。在世纪大道杨高路路口，还有全市首座太阳能公厕，生态环保的能源利用和便民的设施，获得市民的称赞。

2003 年制作的上海城市形象宣传片《LOVE 上海》，也被当时许多媒体称为“中国第一部城市微电影”。在这部时长约一分钟的短片中，一位外国少女与一名中国男青年在沪上邂逅、相恋、结婚、生子，上海的一个个角落都留下了他们共同的回忆。影片的最后，一家三口共同放风筝的温馨场景，就发生在世纪大道。对于许多人来说，世纪大道正给出了幸福生活环境的一种模板，它的美是现代的、国际化的，也是自然的、温暖的。而这，也恰恰是上海这座城市的魅力。

汇集了科技馆、东艺和上博东馆，搭建多维度的文化生活长廊

世纪大道更是搭建起了一条多维度的文化生活的长廊。热爱古典音乐的文艺男女，喜欢探索宇宙奥秘的“科技宅”，热衷当代艺术的时尚达人，都能够在这里找到最对胃口的“文化大餐”。

在世纪大道 2000 号，外形呈螺旋上升的上海科技馆，如同一个巨大的海浪。除每周一休馆日外，几乎每天都有上万人来进行科学“冲浪”。在这里，游客可以徜徉于史前的恐龙世界，在热带雨林中身临其境地领略物种与生态间的关系；可以在球幕影院中沉浸于天象仪精准演示的浩瀚星海，用宇航员的视角凝视美丽的地球；可以亲自体验激光刻录、三维头像的扫描和制作，过把设计师的瘾；也能跟机器人比赛射箭、下棋，在欢乐的互动体验中了解人工智能的奥秘。在近年的热播剧《欢乐颂》中，安迪在上海科技馆用手触摸高压静电球面，头发全部“炸”起的画面引起许多观众的兴趣。在整个科技馆中，还有许许多多这样的展品和项目，用丰富生动的视听语言、趣味性的互动体验，演绎着“自然、人、科技”的永恒话题，展示着科学之美。无怪乎在国际主题公园协会组织发布的“全球最受欢迎的20家博物馆”榜单上，上海科技馆排名第8。

与上海科技馆仅仅相隔一个广场，外形宛如一朵“蝴蝶兰”的东方艺术中心绽放于世纪大道杨高南路环岛的东北侧。自从2005年正式运营以来，世界上排名前20位的交响乐团，除个别不进行国际巡演的，都已在东方艺术中心举办过演出。这里还常年保持每天有100场左右各类演出同时售票的记录，最多时创下同时售票147台193场，总票数达25万张。关于这里，还有一个故事。1994年，国际指挥大师祖宾·梅塔率以色列爱乐乐团第一次到访中国。在上海演出时，担任独奏的残疾小提琴大师帕尔曼要上洗手间，但是当时他演出的那座剧场内没有残疾人通道，于是不得不被工作人员抬进去。因此，祖宾·梅塔留下了“上海有世界上最热情的听众，也有设施最差的剧场”这样令人赧然的感慨。时隔25年，他率维也纳爱乐乐团访沪，在考察了东方艺术中心演出季内容和运营情况后说：“我对上海能有这样国际水准的剧院感到震惊！”祖宾·梅塔两次“耿直”的评价，正道出了中国飞速发展的这二三十年间，上海剧院的巨大改变。

此外，在东方明珠塔、正大广场、国金中心等地游赏漫步，还经常能“偶遇”上海美术电影制片厂经典动画形象巡展、“哈利波特魔法世界”世界巡回展览、“法式殿堂艺术微雕博览”等形态、风格各异的艺术展。旅游、购物与文艺生活，在这里完美交融。

在世纪大道东端城市广场的南麓，不久后还将矗立起一座全新的上海文化地标——上海博物馆东馆。上博东馆已于2017年9月启动建设，计划将在2020年竣工，定位为一座立足于未来的新型中国古

代艺术博物馆。它的面积是上博人民广场馆的两倍多，将构建以中国古代文化主题为核心的展陈体系，以中国历史上的文化现象为切入点，打破展品的门类限制，举办反映中国重要历史文化内涵的主题性陈列展览，让文物说话，讲中国故事。近年来，随着纪录片《我在故宫修文物》、综艺节目《国家宝藏》在年轻人中受捧，人们对于博物馆的文物展陈，也有了更为立体的诉求。未来，在上博东馆的开放式文物修复展示中，观众将有机会近距离观看“我在博物馆修文物”的工艺。还有开放式的库房设计，向人们展现博物馆库房的秘密。上博东馆还将尤其注重发挥博物馆的教育功能，借鉴国外优秀博物馆的经验，专门增设针对青少年的博物馆体验空间。

相关链接

世纪大道上的重要地标

东方明珠广播电视塔

于 1991 年 7 月兴建，1995 年 5 月投入使用的东方明珠广播电视塔，是上海的标志性文化景观之一，位于浦东新区陆家嘴，地址就是世纪大道 1 号。塔高约 468 米，建成后是当时“亚洲第一、世界第三”高塔。它是上海陆家嘴地区第一个地标建筑，为浦东开发开放打响了“第一炮”。

在全国范围内，高塔观光是上海首创的文化休闲产业新兴业态，东方明珠广播电视塔以年均游客人数最多、盈利水平最高而在世界广播电视塔同行中名列前茅。它是国家首批 5A 级旅游景区，塔内有太空舱、旋转餐厅、上海城市历史发展陈列馆等景观和设施，1995 年被列入上海十大新景观之一。

世纪公园

从 2000 年 4 月 18 日起正式对外开放的世纪公园，位于上海市浦东新区行政文化中心、世纪大道东端的终点。它是上海内环线中心区域内最大的富有自然特征的生态型城市公园，享有“假日之园”的美称。公园总体规划方案由英国 LUC 公司设计，占地总面积 14030 平方千米，设计思想体现了中西方园林艺术和人与自然相互融合的理念。公园以大面积的草坪、森林、湖泊为主体，建有乡土田园区、观景区、湖滨区、疏林草坪区、鸟类保护区、异国园区和迷你高尔夫球场等 7 个景区。世纪花钟、镜天湖、音乐广场等都是公园中的标志性景点。

上海科技馆

位于世纪大道 2000 号的上海科技馆，占地面积 6.8 万平方米，建筑面积 10.06 万平方米，2001 年 12 月 18 日开放一期展览，2005 年 5 月开放二期展览，年均接待游客约 400 万人次。它是上海市政府为在新世纪提高城市综合竞争力和全体市民素质而投资兴建的重大公益性社会文化项目。上海科技馆是中国首家通过 ISO9000/14000 国际质量 / 环境标准认证的科技馆，已被列为国家 5A 级科普旅游景点，它还被作为 2001 年 10 月 21 日亚太经合组织（APEC）第九次领导人非正式会议的主会场。上海科技馆有 13 个风格各异的展区、4 个高科技特种影院、3 个古今中外科学家及其足迹的艺术长廊和若干个临时展厅，它们共同为四方游客生动地演绎着“自然、人、科技”的永恒话题。

Bin jiang Ave.

滨江大道

N

S

见证 50 万陆家嘴白领的奋斗

滨江大道从泰东路沿黄浦江一直到东昌路，与浦西外滩隔江相望

上午 7 点的滨江大道已经热闹非凡，它一头环抱上海的金融腹地陆家嘴，一边是奔腾不息的黄浦江，要说有什么比浦江水更浩浩荡荡，那或许就是滨江大道上写字楼中用奋斗拼搏写就的发展的万千风云。

很多城市都有一条“滨江大道”，上海的滨江大道，就镶嵌在“中国改革开放的窗口”——浦东。

黄浦江水自南向北与吴淞江相汇，折向东流，那一道滨水处的自然曲线，以“滨江大道”之名留在了城市的舆图上。它全长超过 4 公里，环抱着上海的金融腹地陆家嘴。一边是沉稳雄浑、奔涌不息的浦江水，一边是名企林立的高楼广厦，千万幢写字楼里透出的灯光，写就上海经济的风云万千。改革开放 41 年，滨江大道留下了这片热土最激情洋溢的奋斗史。

沿江美景尽收眼底，很难不令人心生澎湃。凭栏临江，浦西外滩的丰富建筑景观，宛如壮丽的河山画卷。巨轮载着游人穿行其中，海鸟掠过，成为最生动的点缀。上海城市历史的脉络、发展的进程、建设的成果，都浓缩在这条滨江岸线上。

这里不止有商业的传奇和改革的英雄录。黄浦江自然的水体、两岸的滨江工业遗产、水岸公共空间共同构成了丰富的城市文化景观。

随着上海 45 公里滨江岸线的贯通，作为浦东滨江段重要组成部分的滨江大道，正不断写下更多精彩的篇章。

2017 年，民生码头的“亚洲最大粮仓”华丽转身，成为现代艺术的策展空间。仅一年后，百年祥生船厂再度“扬帆起航”，成为一栋集文化、艺术和商业的综合体“船厂 1862”，其中一座 800 人剧场的设计，更为陆家嘴地区的上班族们增添了一个既文艺又具社交性的时尚空间，宛如车水马龙中的“小桃源”。独一无二的是，这座剧场中的舞台背景墙是可以打开的。每当幕布拉起，崭新的滨江公共绿地和流光璀璨的浦江夜景，就好像是神圣的油画在镜框舞台前铺展，尽显这片繁华之地日与夜的传奇。滨江的美景顿时化身为艺术的布景，定格并记录下属于这座城市、这片土地的日新月异。

金融造势，艺术造像：
滨水空间形成高端商务文化聚集地

改革开放 41 年、浦东开发开放 29 年，陆家嘴已成为上海金融和商务领域最闪亮的一张名片。今天的陆家嘴金融城集聚了 3.6 万多家企业，有超过 50 万的白领在这里工作和生活。遥想 20 世纪 90 年代初，在国务院批准设立陆家嘴金融贸易区前，这里还是一片亟须拓荒的处女地。当时浦东发展最大的问题是基础设施的落后，陆家嘴的几条重要枢纽，包括世纪大道、杨高南路、罗山路、龙阳路以及滨江大道在内，都是那时兴建的。

1992 年，第一家外资保险公司经中国人民银行总行批准在浦东开业；1999 年，全国第一家外商参股中资银行上海银行总部在这里成立；2000 年成立了全国第一家钻石交易所；2001 年，国泰君安证券公司与德国德累斯顿银行成立了全国第一家中外合资基金管理公司；同年，第一家合资建造的展览中心——上海新国际博览中心开业；2006

年，第一家信托登记机构挂牌；2007 年，第一个金融审判庭成立……黄浦江边发生着沧海桑田的巨变，天际线的高度被不断刷新，财富与智力源源不断地在此汇聚，无数改革业绩载入史册。作为上海的一条马路，滨江大道的历史绝对算不得长远，但却是在这短短 20 来年里，见证了上海发展的速度与激情。

到了 2015 年，它又记录了一段新的征程的精彩启幕。纳入了上海自贸区范围的陆家嘴金融城，在积极探索各产业领域的业务创新，资本市场开放的过程中创下了多个“第一”：诞生了全国第一家外商独资培训机构、成立了第一家中外联营律师事务所、第一家 CEPA 项下中外合资券商、第一家再保险经纪公司……全球资管规模排名前 50 名的机构，有 34 家落户陆家嘴。不过，金融成绩斐然的陆家嘴，并不是一个冷冰冰的钢筋水泥森林，而是一个有追求、有温度、有理想的人文城区。

金融机构的涌入和金融相关人才的汇聚，带动了区域购物、消费和文化的协同发展。的确，像伦敦、巴黎等世界性滨水城市，同时也是全球财富之地，都非常重视滨水岸线的公共空间建设。将滨水岸线建成城市时尚和高端的休闲生活场所，提供文化、旅游、休闲、运动和生态等复合功能，已经成为城市功能提升、建立良好的综合营商环境的一个典型样本。

黄浦江在陆家嘴拐了个近九十度的弯，留下一片突出的冲积滩地。沿着陆家嘴优美的“鱼嘴口”曲线，滨江大道把这片金融之城紧紧地拥抱在怀中。与上海其他马路有所不同的是，浦东滨江大道并非完全是市政马路，而是有车行、步行、骑行等不同功能，由亲水平台、坡地绿化、半地下厢体及景观道路等共同组成，集观光、绿化、交通及服务设施为一体的沿江复合型景观工程。南段滨江大道紧靠绿意盎然的滨江公园，毗邻陆家嘴核心商务区域，周边商业文化设施齐全，环球美食林立。坐在滨水平台上的咖啡馆、酒吧里吹吹江风、远眺城市江景是不错的休闲选择。而东段滨江大道则是上海老工业遗址的聚集点，未来，这些经过功能置换的建筑物将脱胎换骨，为上海的金融腹地增添更多时尚、艺术与休闲娱乐的空间，满足城市文化建设和服务的需要。

在寸土寸金的陆家嘴，滨江大道及其周边沿线的商业设施、文化教育设施建设从未停止。东方明珠、上海中心、正大广场、国金购物中心、上海海洋水族馆、上海大自然野生昆虫馆、浦东新舞台、上海戏剧学院浦东校区、震旦博物馆……以及近两年新设的“1862 时尚艺术中心”、民生码头八万吨筒仓、艺仓美术馆和正在建设中的上海大歌剧院、浦东美术馆等消费场所、文化教育设施，陆续成为浦东打造滨江高端商务文化带的新亮点。

“滨水地区是一个城市非常珍贵的资源，也是对城市发展富有挑战性的一个机会。它能让人们逃离拥挤的、压力锅式的城市生活，也是人们重新获得呼吸清新空气疆界的机会。”建筑大师查尔斯·摩尔

的话，在滨江大道身上得到了验证。随着上海 45 公里滨江岸线的贯通，滨江亲水道、跑步道、骑行道“三线并行”的慢行系统，为这片“黄金水域”带来更多丰富多彩的生活空间。2017 年 6 月，陆家嘴滨江绿地也建成并投入使用，在宽阔疏朗的运动空间里，人们可将浦江精华尽收眼底。

滨江大道——这条具有丰富景观和设施的马路，在上海这座国际大都市的核心商务区域内、在大体量高层建筑物林立的空间里、在海内外名企虎踞龙盘的格局中，无疑成为了一个可调节的“呼吸器”，让每天都面对快节奏、高压力职场生活的白领们有了一个能时常透透气、放放松的“桃花源”。

沿江工业遗产华丽转型，画出最美艺术轮廓

贯穿上海全境的黄浦江，其沿江空间一直以来是一

条生产岸线，便捷的水源和航运孕育了上海最早的手工业、航运业以及商业贸易。尤其自开埠以来，历经150余年的发展，两岸积累了大量的船舶修造厂、港口机械厂、军工工业、仓储码头、大型棉纺织厂、发电厂、水厂、油栈及加工工厂。

这一个个“坐标”连接起来，就是一部上海近现代城市工业发展史，其中尤以黄浦江滨江的“坐标”最为密集，是上海工业遗产的重心所在。中美火油公司东沟油库、和丰船厂旧址、慎昌洋行、民生港码头、杨家度码头、民生仓库、上海煤炭分公司码头……鳞次栉比地分布在今天浦东滨江大道的东段沿线。上海大学美术学院副院长金江波认为，这些承载着城市记忆的遗产绝不是废铜烂铁，应该要为它们寻得新的荣光，展示新的活力，让它们随着城市发展的脉搏一起跳动，继续讲述人与城市的种种故事。

自古至今，通畅的水利交通往往会带来巨大的财富和机遇，滨水城市的经济发展具有极大优势。放眼全球，当今能称得上国际大都市的很多都是滨水城市，有一条水体量充沛的母亲河，向沿河岸地区四散输送着活力与能量。20世纪80年代，伦敦的产业结构经历了从制造业到服务业的调整，伦敦泰晤士河边的金丝雀码头正是在这个时期进行重新建设、规划，经过了三十年的发展，从一个已经荒废的生产性码头，转变为现代化高楼林立的“新金融城”。随着城市产业结构的调整升级，滨江大道也经历了从生产型空间向生活型空间的转变，最大的特点就是对工业遗产进行保护再利用，发展出办公、商住、会展等多种新的功能，并满足城市新生活的需要。在这里，上海与世界级的滨水城市没有距离。

在滨江大道东边段上，始建于1862年的祥生船厂，就是黄浦江滨江重要工业遗产之一，记录了中国造船业的发展史，如今成为浦江东岸一艘文化艺术的艨艟巨舰。船厂旧址被保留了下来，摇身一变成为一栋文化商业的综合体“船厂1862”，其中包含了一个800座的中

型剧场“1862 时尚艺术中心”。日本建筑大师隈研吾刻意保留了建筑本身的历史感和工业感。在这个剧场里，观众可以清晰地看到老建筑原有的结构和管道设施，生锈的铁管、风化的混凝土柱子，甚至包括以油漆涂就的生产标语。置身于此的观众仿佛能闻到百年前海风的味道，听得到汽笛声在历史的上空盘旋，产生一种穿梭于历史与现实独特情感。

几乎每一个来“1862 时尚艺术中心”看戏的观众，都会在朋友圈里晒一晒“无敌的江景”，紧靠黄浦江边、视野无碍的剧场，说它是“浦江的阳台”也不为过。舞台面江的墙壁上装有电动玻璃隔音门，拉开幕布，就能够看到静静流淌的浦江水、来来往往的游船和夜间璀璨的霓虹。试运营期间，“1862 时尚艺术中心”曾上演过世界名团立陶宛 OKT 剧团的话剧《海鸥》。导演科尔苏诺夫成为第一位启动幕布的海外艺术家，当震撼的江景扑面而来，这位来自立陶宛的艺术家不由得连连惊叹：“这是我见过最美的舞台！”在 2018 年一年中，“1862 时尚艺术中心”有 45 台逾 80 场剧目轮番上演，主打前沿、时尚、跨界、创意，其中多台剧目属亚洲首演、中国首演、上海首演，尽情展现了这座城市的吸引力。

每个第一次见到民生码头八万吨筒仓的人，都会呈现出一种仰视的姿态——30 个混凝土大筒仓，排列组合成长 140 米、高 48 米的庞然大物，静静地屹立在黄浦江畔，扑面而来的工业气息，朴素而厚重。追溯民生码头的历史，得寻到百年前的英商蓝烟囱码头，它是当时远东地区知名度最高、设施最好的码头。新中国成立后，蓝烟囱码头更名为民生码头，而后又经过多次改造，成为上海地区唯一的散粮、散糖专业化码头。

废弃多年不用的民生码头，以“2017 上海城市空间艺术季”主展场的身份重回公众视野，未来，它将成为艺术的“粮仓”、时尚的秀场。粗放的外表，难以掩盖它精致、内秀的灵魂。建筑师柳亦春对这个昔日的“亚洲最大粮仓”进行了一期改造。改造的最大亮点是在十个巨大筒仓外立面搭建了一组外挂自动扶梯，游人可从三层直接乘坐扶梯前往顶层展厅，途中能将黄浦江及整个民生码头的壮丽景观尽收眼底。

图书在版编目(CIP)数据

上海 24 小时的马路表情/郑逸文主编. —上海：
上海人民出版社，2019
ISBN 978-7-208-15953-2

Ⅰ.①上… Ⅱ.①郑… Ⅲ.①城市道路-介绍-上海
Ⅳ.①K925.1

中国版本图书馆 CIP 数据核字(2019)第 133095 号

责任编辑 王 吟
封面设计 汪 昊

上海 24 小时的马路表情
郑逸文 主编

出　　版 上海人民出版社
（200001 上海福建中路 193 号）
发　　行 上海人民出版社发行中心
印　　刷 上海雅昌艺术印刷有限公司
开　　本 890×1240 1/32
印　　张 7.75
字　　数 150,000
版　　次 2019 年 8 月第 1 版
印　　次 2019 年 8 月第 1 次印刷
ISBN 978-7-208-15953-2/K・2870
定　　价 58.00 元